ERSHISI SHI SHUPING

二十四史述評

周国伟/著

侯德仁 曾文杰/整理

苏州大学出版社
Soochow University Press

图书在版编目(CIP)数据

二十四史述评/周国伟著. —苏州：苏州大学出版社,2017.9
 ISBN 978-7-5672-2189-5

Ⅰ.①二… Ⅱ.①周… Ⅲ.①中国历史－古代史－纪传体②二十四史－研究 Ⅳ.①K204.1

中国版本图书馆 CIP 数据核字(2017)第 213760 号

书　　名	二十四史述评
著　　者	周国伟
整　　理	侯德仁　曾文杰
责任编辑	金振华
出版发行	苏州大学出版社
	（地址：苏州市十梓街 1 号　215006）
经　　销	江苏省新华书店
印　　刷	宜兴市盛世文化印刷有限公司
开　　本	700 mm×1 000 mm　1/16
字　　数	124 千
印　　张	11
版　　次	2017 年 9 月第 1 版
	2017 年 9 月第 1 次印刷
书　　号	ISBN 978-7-5672-2189-5
定　　价	29.00 元

苏州大学版图书若有印装错误，本社负责调换
苏州大学出版社营销部　电话：0512-65225020
苏州大学出版社网址　http://www.sudapress.com

序

  周国伟教授的家属和柴念东先生邀请我为周国伟教授的《二十四史述评》一书写一篇导读性的文字。我自知学力不逮，难以胜任，然而作为本书的整理者却也难以推辞这样的邀请，只好根据自己对本书的粗浅理解撰写成文，谈一些自己的认识，介绍一下本书的写作背景和内容特点，希望能够对读者阅读此书有所助益。

  二十四史由二十四部纪传体史书组成，是中国古代最具代表性的史学著作，历来被学术界尤其是历史学界视为学术研究的必备文献资料，同时也被大众视为学习研讨中国历史的重要文献经典，在中国史学史上具有极其重要的历史地位。在中国古代，二十四史还被称为"正史"，既具有代表正统政权的意涵，也有着区别其他各种体裁和史书内容的意味。因而，二十四史自古以来就受到历代学者和政治家的重视，在中国历史上具有不可动摇的文化地位。当代著名史家来新夏先生曾著文分析了二十四史历来受到重视的原因，他说："'正史'历来受到重视，其原因是：一、'正史'记录的对象是历史上的主要朝代。这些朝代大多是封建正统之所在，相沿具有高于其他史籍的地位。二、'正史'主要是纪传体。纪传体史籍体型比较完备，记录方面也比较广。举凡政治、经济、社会、文化各方面均有涉及，资料也比较丰富。它是便于参考的资料宝库之一。三、'正史'包括从黄帝起到明末止的漫长历程，彼此只有重叠而无间断，年代衔接,贯通一气,使人可从中得一通贯的概貌。"①应该说,来新夏先生的分析是比较全面和准确的,足资参考。

其实,自20世纪以来,许多著名史学家对于二十四史的史学价值和历史地位都有极为明确的认识和精辟的分析。20世纪20年代,梁启超先生在讲到"人的专史"的做法时,剖析了二十四史在历史人物记载方面的独特优长,并给予了充分肯定,他说:"自从太史公作《史记》,以本纪、列传为主要部分,差不多占全书十分之七,而本纪、列传又以人为主。此后两千余年,历代所谓正史皆踵其例。老实讲起了来,正史就是以人为主的历史。""专以人为主的历史,用最新的史学眼光去观察他,自然缺点甚多,几乎变成专门表彰一个人的工具。""但是近人以为人的历史毫无益处,那又未免太过。历史与旁的科学不同,是专门记载人类活动的。一个人或一群人的伟大活动可以使历史起很大变化。若把几千年来中外历史上活动力最强的人抽去,历史还是这样与否,恐怕生问题了。"②1935年,顾颉刚先生则在《二十五史补编序》中阐述了二十四史在中国文化发展史中的巨大影响,他说:"'吾华有五千年之历史!'此国人常作自豪语也。问以史何在?必将曰:二十四史不充栋乎?增以《新元史》为二十五史,不尤富乎?我史之可贵,匪特在其卷帙之繁重,叙述之详明,裁断之有制,又当字字有来历,其所根据之原料可得而勘证,示人以必信焉。"同时,他还认为二十四史具有重要的史料价值:"治中国史学者之不能舍弃历代正史","今人殊不知二十

---

① 来新夏:《"正史"简述》,载《历史知识》1984年第2期。
② 梁启超:《中国历史研究法补编》,载梁启超《中国历史研究法》(外二种),河北教育出版社2000年版,第189页。

五史为中国历史事实之所荟萃"①。当代著名史学家白寿彝先生则认为二十四史不仅具有重要的史料价值,还有着多元的史学价值,他说:"(有人认为)二十四史只能是二十四部史料书,再没有其他的价值了。但这是不符合实际的。二十四史,固然给我们留下了大量的历史资料,还给我们留下了不少的思想资料,留下了观察历史的方法,留下了写历史的方法,留下了许多专门知识。从历史的观点来说,在二十四史里,在别的很多史书里,在不少有关史事论述的书里,都还是有进步的观点、正确的观点,可以供我们参考、吸取和发扬的。"②著名史学家瞿林东先生亦高度评价了二十四史的史学价值,认为二十四史不仅是中华文化的宝藏,也是世界文化的瑰宝,他说:"历代正史能够成为'中国历史事实之所荟萃',这跟它们采用纪传体表现形式也有很大关系。纪传体是纪、表、志、传体的简称,它本是多种体裁结合的综合体,具有容纳整体的历史表述的特点。……这里说的整体的历史表述,一是指纪、表、志、传所包含的诸多方面,一是指它们在同一部史书中的互相配合。完整的纪传体史书,可以看作是包含有丰富内容和生动表述的'百科全书'。由于中国历史上很早就形成了撰写前朝史的传统,故历代正史前后相衔,浑然成一整体,反映了中华民族连续不断的文明发展进程和上下五千年历史面貌。它们是中国历史文化遗产的宝藏,也是世界历史文化遗产中的瑰宝。"③顾颉刚也认为二十四史在世界

---

① 顾颉刚:《二十五史补编序》,载顾颉刚《宝树园文存》卷二,中华书局2011年版,第195-198页。
② 白寿彝:《谈史学遗产答客问》,载白寿彝《史学遗产六讲》,北京出版社2004年版,第38-39页。
③ 瞿林东:《二十六史大辞典·导论》,载戴逸主编《二十六史大辞典》上册,吉林人民出版社1993年版,第45-46页。

文化史上具有重要意义。他说:"(二十四史)这部史书是在两千年里陆陆续续写出来的。如此完整连续的历史资料,是世界上所没有的。其中不但记载了我国历代王朝的历史,而且还记述了许多亚洲国家的历史。因此它是一部具有广泛资料价值的历史文库。"①综上所述,二十四史在中国史学史中具有极为重要的历史地位和史学价值。因而,周国伟教授以二十四史作为研究对象,也有着非常重要的学术意义。

通读周国伟教授的《二十四史述评》一书,仔细思考该书的主要内容、学术特点和研究方法,我深感这是一部学有师承、术有专攻,著述内容、特点和方法都颇具特色的学术著作。虽然作者谦虚的将本书称为"二十四史述评",然而通观全书可知,这其实是一部从文献学角度全面考察二十四部正史的研究性著作,具有较高的学术价值。相信本书的整理出版,必将为二十四史研究添砖加瓦,推动二十四史研究的进步。

接下来,我将从本书的成书背景和内容特点两大方面谈一下我对本书的粗浅认识。

其一,关于《二十四史述评》一书的成书背景,我认为这是一部师承有自、学脉清晰的研究著作。周国伟教授的历史研究乃是师承于著名史学家柴德赓教授。1961年,时为中学教师的周国伟先生对历史研究产生了浓厚的兴趣,遂抱着试试看的心情给江苏师范学院历史系主任柴德赓教授写信,表达了向柴德赓先生学习历史的愿望。令周国伟意想不到的是,柴德赓先生不仅很快回信鼓励了他,并和他相约见面。对于第一次和柴德赓先生见面的情形,周国伟印象深刻。他回忆说:"当我第一次

---

① 见1998年6月1日《光明日报》。

见面和求教时,柴老师问明了我读过哪些历史古籍和大致了解了我的历史知识水平后指出:要研究历史,必须从目录学入门。作为一个原来学经济而转入学历史者来说,更需如此。随即从书架上抽出一本张之洞的《书目答问》给我,教我仔细阅读。又说要做学问,必须多读书,不可随便乱写文章。书读多了,水到渠成,胸有成竹,自然成文。而读书,必须详校。不校不读,边校边读。因要我首先校读前四史,教我以百衲本为底本校读光绪同文本,并从书架上抽出这些书给我。"从此以后,周国伟就按照柴德赓的指导精心校读史书,并且每周去柴德赓家请教一次,每次师生二人均"相对而坐,纵横论学,且问且答,授业解惑,如坐春风化雨之中,远胜课堂讲课"①。这是一个多么其乐融融的师徒问学的生动场景啊!根据上述引文可知,周国伟虽不是柴德赓点名册上的学生,但却是他登堂入室受教的弟子。众所周知,柴德赓是著名学术大家陈垣先生的高足,师徒二人均长于历史文献学研究。柴德赓师承陈垣先生的历史文献学的深厚功底并予以了发扬光大,在历史文献学和学术史研究方面成就卓著。由此可见,从陈垣到柴德赓再到周国伟这一条学脉的学术传承路径是十分清晰的,而周国伟所著的《二十四史述评》与陈垣先生的《中国史学名著评论》以及柴德赓的《史籍举要》之间有着非常清晰的传承轨迹。

  早在二十世纪三四十年代,陈垣先生曾先后在燕京大学、北平师范大学、辅仁大学、北京大学讲授过"中国史学名著评论"这门课程。他为这门课程写的说明是:"取史学上有名之著作,

---

① 周国伟:《怀念柴老师》,载何荣昌、张承宗、柴邦衡主编《百年青峰》,苏州大学2007年版,第179—180页。

而加以批评。每书举作者之略历,史料之来源,编纂之体制,版本之异同,以及后人对此书之批评等等,以为学者读史之先导。"① 这门课程对学生学习历史帮助很大,大受欢迎。1930年上半年,北平师范大学一年级学生柴德赓听了陈垣先生的"中国史学名著评论"课程,期末考试还获得优秀的成绩,陈垣先生在当年6月的课程讲稿的一条批语中记录了此事,他写道:"十九年六月廿五日试卷,师大史系一年生柴德赓、王兰荫、雷震、李焕绂四卷极佳。"② 柴德赓以其才华和好学深受陈垣先生的器重,自此在陈垣先生身边学习和工作二十余年,备受青睐,深得陈垣先生学术之真传。柴德赓在师大毕业之后,1936年到辅仁大学任教,曾多年在辅仁大学讲授"中国史学名著评论"课程。1955年,他调到江苏师范学院后,又继续讲授这门课程(当时名为"中国历史要籍介绍和选读"),深受同学们的欢迎。后来柴先生去世后,他的三位学生将他的手稿和讲义整理成书,定名为《史籍举要》于1982年出版。该书于1987年荣获了"国家教委优秀教材奖"。柴德赓先生的《史籍举要》一书是对陈垣先生的《中国史学名著评论》的继承和发展③,师承了老师陈垣的学术研究理路和教学精华,并且予以了详细的补充和完善。翻检柴德赓先生的《史籍举要》目录可知,全书正文为270页,全书按照史书体裁分为上、下两编:上编为纪传体类,以二十四史为主要讲述对象,共计162页,占全书的3/5;下编为编年体类、纪事

---

① 陈垣:《中国史学名著评论课程说明二》,载陈垣《中国史学名著评论》,商务印书馆2014年版,第172页。
② 陈垣:《中国史学名著评论讲稿二》页面"批语",载陈垣《中国史学名著评论》,商务印书馆2014年版,第174页。
③ 详见陈智超《千古师生情(二)》,载陈垣《中国史学名著评论》,商务印书馆2014年版,第161–162页,或参见柴念东《史籍举要修订本后记》,载柴德赓《史籍举要(修订本)》,商务印书馆2015年版,第280页。

本末类、政书类、传记类、地理类，共计108页，占全书的2/5。由此可见，二十四史实际上是《史籍举要》的主体论述内容。后来，这一传统被周国伟的《二十四史述评》继承了。周国伟的《二十四史述评》专门以二十四史为研究对象，当然是在柴德赓的启发和引导下进行的。我们从前述引文可知，柴德赓与周国伟第一次会面即已告知其以校读前四史为研究入门，治学从目录文献入手的方法，应该说从这时起周国伟即开始了二十四史的学习和研读工作。1970年柴德赓先生去世，柴夫人将柴德赓所藏的一套老同文本二十四史赠给周国伟。据柴念东先生所言，"'文革'中，周国伟根据柴德赓生前所传授治学'门径次第'开始研读这套二十四史，用陈垣的《中国史学名著评论》的体例着手撰写《二十四史述评》"。然而，当时周国伟根本没有看到柴德赓的《史籍举要》一书，他完全是根据柴先生平时指导和个人研读所得，独立写完了《二十四史述评》的底稿，可见周国伟得到了柴德赓的真传点拨。

以上对周国伟《二十四史述评》成书背景的介绍，为我们描述了一条从《中国史学名著评论》到《史籍举要》，再到《二十四史述评》的学术传承路径，体现了陈垣、柴德赓、周国伟之间紧密的学脉继承关系。相信读者了解了这样一条清晰的学脉后，对《二十四史述评》一书的渊源、内容和特点将会有更为准确和完整的把握。

其二，关于《二十四史述评》一书的内容特点，概括说来，具有三个方面的特点。

第一，术有专攻，文献优长。周国伟教授多年跟随柴德赓先生问学，深得柴先生文献学研究路径之真传，一直专攻于历史文献学研究。是故，周国伟在《二十四史述评》一书中发挥自己的研究所长,采用历史文献学研究视角对二十四史展开全面系统的研究,其研究目的是"给高等学校文科学生和广大文史爱好者以及有志研读二十四史的人,提供研读的门径和方法,介绍史料的来源和考证,阐述编著的体例和版本,评论学术的价值。""着重在评论各史得失,论述各书优劣。"(见周国伟《二十四史述评》摘要)大体说来,作者对二十四史的每一部史书都是从作者生平及撰述过程、史料来源考证、编著体例溯源和析辨、版本介绍、参考要籍、学术评论,以及用途和阅读方法等七大方面开展文献学研究的。可以说,全书内容大到宏观的框架结构,小到微观内容的细节论述,很好地彰显了作者极为扎实的文献学研究功底。例如,关于《汉书》的史料来源问题,作者首先指出:"《汉书》的史料来源,可分为两个部分。武帝以前,不但材料大都采自《史记》,连文章也大都抄自《史记》原文,仅做加工整理,增、补、并、添而已。武帝以后史料则采自其父班彪所作后传六十五篇和各家所续《史记》或其他记载。"进而作者对《汉书》对《史记》增、补、并、添又进行了详细的阐述。如在增的方面,作者论述道:"增,是采用《史记》原来材料,增加的本传有卷三十四里的《吴芮传》、卷四十里的《王陵传》、卷四十五里的《蒯通传》、《伍被传》,卷五十一里的《路温舒、贾山、枚乘传》,卷五十四里的附李陵传和附苏武传。增加的本纪有《惠帝本纪》。这些都是另增篇目,而材料都采自《史记》。在《史记》中被附入别人传中的,在《汉书》中则被抽出另立一传。如:《蒯通传》,材料采自《史记·张耳·陈余传》及《淮阴侯列传》;《伍被传》,材料采自《史记·淮南王传》。惟《李陵·苏武传》,并非全部采自《史记》,有一部分是班固自增的。"作者对《汉书》史料的来源叙述得面面俱到,而且条分缕析,简直如数家珍,可见作者的文献学功底之深厚。至于介绍诸书的流传版本,那就似乎更是作者所长了。如《汉书》的版本,作者不仅介绍各个版本所长,而且比较优劣。作者写道:"现存《汉书》最早最古的刻本,要算是北宋景祐本。现在的百衲本,就是采的此种本子。而最通用的本子,则是颜师古注一二〇卷本。而比较好的本子,要算是王先谦《汉书补注》一〇〇卷本(光绪二十六年刊,民国五年上海石印)。此外,尚有颜注及三刘刊误和宋祁校语的殿本,又有无宋祁校语的监本,但都不及北宋景祐本的古和王先谦的佳。一九六二年,中华书局出有《汉书》点校本,是采用王先谦的《汉书补注》作底本,再参照北宋景祐本、明汲古阁本、清武英殿本及金陵书局本而成。其优点是作了比较成功的校刊,校正了《汉书》的许多误衍讹夺。特别是用了他校的方法,'不主一体,择善而从',吸取了各家的考订成果,用功至深。其缺点是,只收了颜注,未收王先谦的补注。其实,王先谦的补注,有好些是远胜于颜师古的原注的,应该收入。即使'为了简明便于阅读',也不妨有选择地把王氏补注超过颜氏原注而价值特别大、成果显著的,收入插进去。"这里出现了北宋景祐本、明汲古阁本、清武英殿本、金陵书局本、监本、百衲本、中华书局本等诸多版本专有名词,一方面开阔了读者阅读《汉书》的文献视野,另一方面也扩充了读者的古籍版本目录学知识,对读者多有助益。

第二,点面结合,重点突出。这一特点,在《二十四史述评》一书中是十分明显的。所谓的点面结合,是指本书对二十四史的文献学研究,既有对每一部正史编撰背景、体例内容和版本流传情况的独立个案分析,又能兼顾二十四部正史彼此之间联系的整体性。作者在讨论每一部著作时,能够对二十四史进行前后联系、纵横比较,注重阐释相互之间的继承与发展的关系,对二十四史进行整体性的关照。所谓重点突出,是指作者对二十四部正史的研究有详有略,并非均衡如一,十分注重突出研究重点。有关重点突出这一特点,可以两个方面进行说明:一是从全书整体上看,《二十四史述评》重点突出了对前四史的研究,尤其是重点突出了对《史记》的研究。因为作者认为:"二十四史中的前四史,即《史记》《汉书》《后汉书》《三国志》,更为重要。因此,对前四史论述更为全面,即按上述七个方面,依次进行述评。而尤以《史记》为重点,论述更为全面深入。以下诸史,则视情况,或减或增,或合或并,概括述评,不完全按此七个方面,依次全面论述。"(见周国伟《二十四史述评》摘要)纵观全书,前四史尤其是《史记》的研究比重是非常突出的。根据二十四史地位之轻重,进行这样的安排,应该说是有其合理性的。二是从每一部著作研究的内部结构看,史料来源考证或史料来源和价值都是这部著作的研究重点,其他的部分如作者生平、编著体例、版本介绍、参考要籍等在内容丰富程度和体量上都无法与之比拟。要从文献学的角度全面考察一部史学著作的学术价值,就需要对该著作的编撰背景、体裁体例、史料来源、版本流布等情况进行全面的考察,而其中对该著作的史料来源和价值的考察则应该是重中之重,因为史料来源的丰富性、可靠性和学术价值直接影响到一部史著的价值。所以,《二十四史述评》把"史料来源和价值"作为内容讨论的重点,是合情合理的。

第三,叙议相兼,娴于考证。《二十四史述评》一书,除了对二十四史的内容、体例、版本、史料来源等作说明性介绍外,还对每部正史的学术价值和思想性等方面发表了一些较为精要的议论,体现出该书有述有评、叙议相兼的著述特点。该书对于各部正史的学术价值和思想的议论,夹杂于《二十四史述评》一书字里行间,几乎随处可见,文字或长或短,均体现了作者对这些问题的认识和判断。例如本书的部分议论:(一)《史记》以"共和"行政纪年,是司马迁具有历史进步性的表现。作者认为:"当时厉王残暴,人民起来推翻了他,是正义的行动。而厉王已出奔于彘,不再掌权,'共和'行政,是推动当时历史前进的人和事,故史公以之纪年,不再以僵死的、名存实亡的厉王纪年,以'政由谁出'为是,不拘宗法正统观念,这完全是进步的观点。""'政由谁出',就是要统一,不要分裂;要名副其实,不要名存实亡;要变革前进,不要正统观念。因此,这是进步的观点。"(见周国伟《二十四史述评》第一章);(二)司马迁笔下的塞侯直不疑的奴才形象,是封建社会才能出现的典型形象。作者认为,这个典型的"乡愿",旧社会的所谓"忠厚长者","只有在那封建统治极端专制,只许俯首听命的社会里,才有这样的奴才相;只有在那不允许明辨是非,而须精于处世技巧的社会里,才有这样的'乡愿'出现。这实际是对西汉社会的控诉,是对统治者的专制黑暗的揭露。这是以典型的手法,对那典型的封建统治阶级的腐朽和罪恶的揭露和控诉"。(见周国伟《二十四史述评》第一章);(三)魏收因在《魏书》中直言不讳而遭记恨,遂被诋为"好抵阴私",《二十四史述评》则为其辩诬。书中写道:魏收"既是'意存实录',又怎能说是'好抵阴私'!这大概又是因人废言,致得'时人恶评'。我亦不以为然。如若后人以此批评而说这是《魏书》的缺点,我倒说这正是《魏书》的优点。"(见周国伟《二十四史述评》第九章)由上述几例议论可以推论,书中蕴含着不少真知灼见的议论。

《二十四史述评》一书中还有不少学术性考证,这增加了本书的学术性。这些考证,或考证作者的生平,或考证史料的来源,或考证史书文字或史实记载的错讹,或考证著作的版本,内容不一而足,考证方法灵活多样,无不显示出作者扎实的史学功底。试以本书对《史记》的若干考证为例来说明:(一)考证《史记》的史实记载错误,如奄息、仲行、鍼虎三良殉葬秦缪公之事的考辨。作者认为司马迁《史记·秦本纪》中责骂秦缪公"死而弃民,收其良臣而从死"是不正确的,其实"三良并非迫令殉葬,而是出于其感恩报戴之私,自愿从葬。《正义》注引应劭的话,说得很明白。应劭曰:'秦缪公与群臣饮酒酣,公曰:"生共此乐,死共此哀。"于是奄息、仲行、针虎许诺。及公薨,皆从死。'这明明是三良生前许诺,死后自履其诺言而自愿从死,并非迫令从葬。古人常有这种'一诺千金'的愚忠的。曹子建也有诗云:'秦缪先下世,三臣皆自残。生时等荣乐,既殁同忧患。'这也和应劭的说法差不多,曹子建总也是有所据的,可为旁证。"这里对三良殉葬的史实进行了辩证,论证了三良乃是自愿而非强迫的殉葬史实,在考证方法上采用了旁证法和诗文证史的方法。(二)对《史记》时间和地点记载错误的考证。"有把时间弄错的。《秦本纪》曰:'(武公)十三年……晋灭霍、魏、耿。'而《索隐》按:'《春秋》鲁闵公元年,《左传》云:"晋灭耿,灭魏,灭霍。"'则是晋灭此三国,是在鲁闵公元年。鲁闵公元年,即秦成公三年,而《秦本纪》书于秦武公十三年,错隔了二十四年。""有把地点弄错的。《秦本纪》曰:'孝公元年……魏筑长城,自郑滨洛以北,有上郡。楚自汉中,南有巴、黔中。'巴地属秦,非属楚,是把秦地错为楚地了。"这里对《史记·秦本纪》中时间的考证采用的是寻流溯源的考证法,而对巴地属秦非属楚则采用的是地理常识判断法。(三)对《史记》中荒诞不经的神话传说的批驳。如对《史记·殷本纪》中简狄吞卵生契,以及《高祖本纪》中梦神生季的内容记载的考证批驳,作者认为"这的确完全是世俗不经之语",根本是子虚乌有之辞,而且运用现代医学常识反驳其说:"我们知道,凡胎生动物,必雌雄交媾受精而后孕。即使是低级的胎生动物都如此,何况人是胎生动物中之高级者!即使当时是中国人类早起,尽管生产和文化水平低些,但生理原理当是一样的,岂可吞卵而孕就生契!""在《高祖本纪》中,更写了很多类似这样不符合实际,经不起思考分析的神奇怪话、世俗不经之类。……这是和上述吞卵生契一样的世俗不经之语,连最起码的生理常识都没有。"(见周国伟《二十四史述评》第一章)上述举例,充分证明了《二十四史述评》一书具有厚重扎实的史学考证基本功,拥有较高的学术含量,学术价值不容忽视。

  以上所述是《二十四史述评》一书的主要特点和优点。毋庸置疑,该书还存在一些不足:例如,该书主要侧重于对文献史料来源、体裁体例和版本流布等情况的考察,对二十四史所蕴含的思想性阐释严重不足。再如,该书侧重于对前四史的研究,对于其他二十部正史的论述的丰富性明显不足,对这些著述学术价值的论述未能充分展开。客观地说,这些不足的形成,或受制于自身著述的体例而使然,或受制于资料的不足而使然,因而这些不足根本瑕不掩瑜。对于《二十四史述评》这样一部著成于30多年前的学术著作来说,能够在30年后被整理出版,这本身就说明了该书学术魅力的历史穿透性。我相信本书的出版,能够为二十四史的研究助力。

  是为序。

侯德仁

2017 年 8 月 11 日写于苏州石湖之畔

前 记

周国伟(1929—2015),湖南湘乡(现涟源)人。1948 考入中央大学(毕业时为南京大学),师从陈绍闻先生习中国经济学、经济史。1952 年毕业后任教于苏州建工学校、苏州第 39 中学。1978 年后曾在华中理工学院、江苏师范学院讲授文史课程。1982 年调入南京大学经济系任副教授直至退休。有专著《中国近代经济史新论》。

1961 年周国伟先生毛遂自荐,写信给柴德赓教授,愿投于门下研习历史。时柴德赓的日记有记:"周国伟来……在建筑学校教俄语,颇喜读历史,近方读《左传》……观其似尚老实,意亦诚挚,略为指点,读书门经次第,遂别去。"后来柴德赓安排周国伟整理陈伯君先生的《双蕉草庐诗词稿》①,并指导他做陆游《渭南文集》的校注工作。校注稿初毕②,柴德赓看后有评语"稿甚细致,有些基础,将来着笔时就容易了"。据现在收集的资料,周国伟在柴德赓的指导下开始进行《宋史·食货志》《宋会要》整理工作。"文革"的到

1963 年春节

---

① 刻本,1964 年出版;印本,1987 年出版。
② 第一二卷的校样抄本尚存。

来，打乱了他们修书治史的计划，后二人均为单位的批斗对象。

1968年柴德赓被"专案组"从原来螺丝浜寓所驱至护城河边小平房居住，家中的很多书籍无法存放，不少古籍就移至周国伟处寄存，其中包括一套老同文本二十四史。1970年柴德赓死于苏州尹山湖农场，陈璧子考虑到家中后代无一继承文史者，特将此二十四史作为柴德赓的遗物赠予周国伟。

"文革"中周国伟根据柴德赓生前所传授治学"门径次第"开始研读这套二十四史，用陈垣的《中国史学名著评论》的体例着手撰写《二十四史述评》。依时间顺序可知，周国伟在柴德赓的《史籍举要》出版前就已经独立写完了《二十四史述评》的底稿，可见周国伟是得到柴德赓的真传点拨。但是《二十四史述评》书稿一直没有排版付印，成为周先生的终身遗憾。

周国伟先生2015年1月初病逝后，周师母刘秀玲、世弟勋宜和我商量这套二十四史古籍的处理办法，因南京大学历史系已经建议将此书捐赠南大图书馆。我征求苏州大学田副校长的意见，他表示柴德赓的全部资料尽量由苏大博物馆统一收藏，以便资料完整，当力促成此事。是年6月刘秀玲老师将这套二十四史捐赠给苏州大学博物馆，其中含1套20册明代三朝本的善本《隋书》，总计885册古籍。至此二十四史又重回天赐庄校园。

学校了解到周国伟先生生前有《二十四史述评》遗稿一部，决定交由苏州大学出版社出版，以完成周先生的夙愿。遗稿后由苏州大学社会学院侯德仁老师负责整理，他的研究生曾文杰亦参与进来，得以成为今天我们看到的《二十四史述评》。

柴念东
2017年3月6日于子实堂

摘　要

　　二十四史是我们祖国的宝贵文化遗产。它不但是研究历史，也是研究各方面学问的重要历史文献，但卷帙浩繁，若研读不得门径，则无从下手。著者因将多年所集资料和研究心得写成《二十四史述评》一书，希望对研读二十四史的人有所帮助，为我国历史科学和文化事业的发展添砖增瓦。

　　有关二十四史中争论的问题很多，特别自乾嘉以来，一直到今天，有的问题争论纷纭，莫衷一是。著者在撰写过程中，随时对学术界争论最多的问题，抓住症结所在，发表自己的一得之见，进行讨论。

　　今天的学生，不要说是理工科，就是文科，甚至就是历史系的学生和广大文史爱好者，对读二十四史，恐怕也是很感困难的。针对这种情况，每史除述介参考要籍外，最后又特别阐述其用途和阅读方法。这对有志研读二十四史的学生，应是有所帮助的。

　　因此，本书的目的，在于给高等学校文科学生和广大文史爱好者以及有志研读二十四史的人，提供研读的门径和方法，介绍史料的来源和考证，阐述编著的体例和版本，评论学术的价值。撰写的方法是，述介各史要点与评论该书价值相结合，继承前人成果与发表著者意见相参考；着重在评论各史得失，论述各书优劣。

本书从以下几个方面对二十四史进行述评：

一、作者生平及撰述过程；

二、史料来源考证；

三、编著体例溯源和析辨；

四、版本介绍；

五、参考要籍；

六、学术评论；

七、用途和阅读方法。

二十四史中的前四史，即《史记》《汉书》《后汉书》《三国志》，更为重要。因此，对前四史论述更为全面，即按上述七个方面，依次进行述评。而尤以《史记》为重点，论述更为全面深入。以下诸史，则视情况，或减或增，或合或并，概括述评，不完全按此七个方面，依次全面论述。

全书字数二十万左右①。

---

① 整理者按：作者原本拟写二十万字，实际底稿为十万字。

目 录

第一章 史记 / 001

一、作者生平及撰述过程 / 001

二、史料来源和价值及其在史学上的地位 / 003

（一）史料来源和价值 / 003

（二）《史记》的优点 / 006

（三）史记的缺点 / 027

三、编著体例和方法 / 034

四、参考要籍 / 037

五、版本介绍 / 038

六、用途和阅读方法 / 039

第二章 汉书 / 042

一、作者生平及撰述过程 / 042

二、史料来源和价值及其在史学上的地位 / 043

三、编著体例和方法 / 047

四、参考要籍 / 048

五、版本介绍 / 049

六、用途和阅读方法 / 049

第三章 后汉书 / 051

一、作者生平及撰述过程 / 051

二、史料来源和价值 / 052

三、编著体例和方法 / 055

四、参考要籍 / 056

五、版本介绍 / 057

六、用途和阅读方法 / 058

第四章 三国志 / 059

一、作者生平及撰述过程 / 059

二、史料来源和价值 / 059

三、编著体例和方法 / 060

四、参考要籍 / 062

五、版本介绍 / 063

六、用途和阅读方法 / 064

第五章　晋书 / 065

一、编纂人员及撰述过程 / 065

二、史料来源和价值 / 067

三、编著体例和版本 / 069

四、参考要籍和阅读方法 / 070

第六章　宋书 / 072

一、作者生平及撰述过程 / 072

二、史料来源和价值 / 073

三、编著体例和用途 / 075

四、参考要籍和版本 / 076

第七章　南齐书 / 078

一、作者生平及撰述过程 / 078

二、史料来源和价值 / 079

三、编著体例和方法 / 081

四、版本介绍和阅读方法 / 082

第八章　梁书　陈书 / 083

一、作者生平及撰述过程 / 083

二、史料来源和价值 / 085

三、编著体例和版本 / 086

第九章　魏书 / 088

一、作者生平及撰述过程 / 088

二、史料来源和价值 / 089

三、编著体例和参考要籍 / 092

第十章　北齐书 / 094

一、作者生平及撰述过程 / 094

二、史料来源和价值 / 095

三、编著体例和缺卷考证 / 097

第十一章　周书 / 099

一、作者生平及撰述过程 / 099

二、史料不足，但文章儒雅 / 100

三、编著体例和残阙补佚 / 101

第十二章　隋书 / 103

一、著撰人员考 / 103

二、史料来源和价值 / 105

三、编著体例及"八书"读法 / 106

四、用途和版本 / 107

第十三章 南史 北史 / 108
一、作者生平及撰述过程 / 108

二、史料所据及编撰方法 / 109

三、编著体例和读法 / 111

四、参考要籍和版本 / 113

第十四章 旧唐书 新唐书 / 115
一、作者简考及撰述过程 / 115

二、史料来源和两书比较 / 118

三、编著体例和读法 / 121

四、参考要籍和版本 / 122

第十五章 旧五代史 新五代史 / 124
一、作者生平及撰述过程 / 124

二、史料来源和薛史辑佚 / 125

三、编著体例和版本 / 128

四、新、旧《五代史》比较 / 129

五、参考要籍和读法 / 130

第十六章 宋史 辽史 金史 / 132

一、作者综述及撰修过程 / 132

二、史料来源和三史比较 / 134

三、编著体例和版本 / 136

四、参考要籍和读法 / 138

第十七章 元史 / 140

一、作者生平及撰述过程 / 140

二、史料来源及全书缺陷 / 141

三、编著体例和版本 / 143

四、清人改修《元史》/ 144

第十八章 明史 / 146

一、作者生平及撰述过程 / 146

二、史料来源和价值 / 147

三、编著体例和版本 / 148

四、忌讳回护和读法 / 149

第一章 史 记

一、作者生平及撰述过程

司马迁,字子长,左冯翊夏阳(今陕西韩城)人,生于汉景帝中元五年(公元前一四五年)。关于他的生平事迹,详见《史记·太史公自序》(《史记》卷一三〇)及《汉书·司马迁传》(《汉书》卷六二)。

关于司马迁的生年有五种说法,其中,比较多数人意见的有二说。一说是据张守节《正义》在《太史公自序》里"五年而当太初元年"语下曰"按迁年四十二岁",而推算出司马迁生于汉景帝中元五年(公元前一四五年)。王国维著《太史公行年考》(《观堂集林》)主此说,我这里也是采的这一说。一说是据司马贞《索隐》在《太史公自序》里"卒三岁而迁为太史令"语下曰"《博物志》:'太史令茂陵显武里大夫司马迁,年二十八,三年六月乙卯除六百石'",而推算出司马迁生于汉武帝建元六年(公元前一三五年),比前一种说法推后了十年。郭沫若著《太史公行年考有问题》(见《历史研究》一九五五年第六期)主小司马这一说。

关于司马迁的卒年,也有二说。一说谓司马迁卒于汉武帝之时。王国维著《太史公行年考》,考定《报任安书》是在汉武帝太始四年（公元前九三年），有人就据此判定司马迁卒于太始四年。一说谓司马迁卒于武帝之后，主此说者较多，最早是金人王若虚在其《滹南遗老集》卷十七中提出的，判定司马迁卒于昭宣之间。两说都无确切年代。

总之，关于司马迁的生卒年月，众说纷纭，是一个争而未决的问题。

《史记》的撰述，是司马迁经过一段艰苦发愤和实践锻炼的过程的。他出身史官家庭，父亲司马谈是太史令，掌管国家图书，"天下遗文古事，靡不毕集太史公"，因而他有很好的读书条件和环境。更重要的是，司马迁非常刻苦发奋，"年十岁则诵古文"，后又跟当时的大学问家董仲舒、孔安国学公羊《春秋》、古文《尚书》，读了不少古籍，知识非常渊博。然后，他又游览名山大川，实地访问调查。实地考察更加丰富了他的知识，加深了他的学问。《太史公自序》里曰："二十而南游江、淮，上会稽，探禹穴，窥九嶷，浮于沅、湘，北涉汶、泗，讲业齐、鲁之都，观孔子之遗风，乡射邹峄，厄困鄱、薛、彭城，过梁、楚以归。"说明他走遍了大江南北，游历了东南和中原。《史记·五帝本纪》中说："余尝西至空峒，北过涿鹿，东渐于海，南浮江淮。"证明他到过西北。《太史公自序》里又说："于是迁仕为郎中，奉使西征巴、蜀以南，南攻邛、笮、昆明，还报命。"这说明其还深入过西南。司马迁的足迹，几乎走遍了全中国，这对于他后来完成《史记》这部历史巨著，是有极其重要作用的。可以说，这遍游全国的过程，是他实践锻炼的过程，也是他撰述《史记》的过程。而少年时的"十岁诵古文"，以及后来的刻苦读书，更是他撰述《史记》的基础。

《史记》的撰述，更有一段艰难曲折的道路。司马迁大约在汉武帝太初元年（公元前一〇四年），四十二岁时，开始写《史记》,大约到征和二年(公元前九一年),才基本完成,先后费时大概十五年。更为艰难曲折的是,司马迁在写作过程中,曾于天汉二年(公元前九十九年),因为替李陵投降匈奴辩护,触犯了汉武帝,被逮下狱,并受腐刑。他痛苦之至,愤恨不欲生,以为"身毁不用矣"。但因想到他的著作未完成,"草创未就,适会此祸",不能死去,要忍辱完成,故"就极刑而无愠色"。因以古人自励,鞭策自己:"退而深惟曰:'夫《诗》《书》隐约者,欲遂其志之思也。昔西伯拘羑里,演《周易》;孔子厄陈、蔡,作《春秋》;屈原放逐,著《离骚》;左丘失明,厥有《国语》;孙子膑脚,而论兵法;不韦迁蜀,世传《吕览》;韩非囚秦,《说难》《孤愤》;《诗》三百遍,大抵贤圣发愤之所为作也。此人皆意有所郁结,不得通其道也,故述往事,思来者。'"司马迁就是这样激励自己,鞭策前进,终于完成了这部历史巨著。这过程是多么艰难,道路是多么险阻。

二、史料来源和价值及其在史学上的地位

(一)史料来源和价值

《史记》史料的来源,可分为书籍、档案和访闻三个方面:

书籍除经书之外,主要有《国语》《世本》《战国策》《楚汉春秋》。《汉书·司马迁传》赞曰:"司马迁据《左氏国语》,采《世本》《战国策》,述《楚汉春秋》。"其次如《秦纪》《谍记》《历术》《甲子篇》之类,乃至诸子、骚、赋,都引用了。凡是汉以前的书籍,汉初流传的,无所不采。关于《史记》史料来源所引的书籍,

北宋倪思作有《迁书删改古书异词》十二卷，惜已失传（《文献通考·经籍考》中载之，今佚）。清马骕《绎史》下六十卷，专将《史记》所引汉以前书籍提出，辨其同异，分条例之。欲知《史记》史料来源书籍，可藉以考出。

　　档案是最宝贵的史料来源，但只有司马迁与其父当时相继为太史令，掌管国家图书，才能得以阅读。这是难得的优越条件，获得了别人得不到的史料。《高祖功臣侯者年表序》有云"余读高祖侯功臣"，《惠景间侯者年表序》有云"太史公读列封至便侯"，《礼书》有云"余至大行礼官，观三代损益"，《封禅书》有云"济南人公玉带上黄帝时明堂图，"《儒林列传》有云"余读功令"《留侯世家》赞有云"余以为其人魁梧奇伟，至见其图，状貌如妇人好女"，都是指的所见当时的档案。《三王世家》，全录奏议、上谕及封册原文，必从档案而来。《文帝本纪》中的诏书，除档案之外，别无他处可采。更难得的，《史记》中某些数目字，往往有评记到个位数字的，如《曹相国世家》所载"参功：凡下二国，县一百二十二；得王二人，相三人，将军六人，大莫敖、郡守、司马、侯、御史各一人"，以及《樊郦滕灌列传》载"从，斩首百七十六级，虏二百八十八人。别破军七，下城五，定郡六，县五十二，得丞相一人，将军十二人，二千石以下至三百石十一人"，这样详细的数目字，只能根据档案中记功册而来。这些当时的档案材料，是《史记》中的最宝贵的材料。

　　访闻是更宝贵的史料。当时司马迁距所要记的事，时间较近，或者就是当时的事，亲自访闻，当较后代的记载可靠。而要知道，在今天我们是强调调查研究，在当时这是不受重视的，而司马迁重视了，构成了他《史记》史料的三大来源之一，是极其难能可贵的。访闻大概采用了三种方式：耳闻、目见和实地调查。《项羽本纪》赞有云"吾闻之周生曰",《赵世家》赞有云"吾闻冯王孙曰",《太史公自序》有云"余闻董生曰",《郦生陆贾列传》赞有曰"余读陆生《新语》书十二篇,固当世之辩士,至平原君子与余善,是以得具论之"。以上这些是耳闻。《李将军列传》赞有曰"余睹李将军悛悛如鄙人,口不能道辞",《游侠列传》有曰"吾视郭解,状貌不及中人,言语不足采者",这些是目见。《五帝本纪》赞曰"余尝西至空峒,北过涿鹿,东渐于海,南浮江淮矣。至长老皆各往往称黄帝、尧、舜之处,风教固殊焉,总之不离古文者近是"。《淮阴侯列传》赞曰"吾如淮阴,淮阴人为余言,韩信虽为布衣时,其志与众异。其母死,贫无以为葬,然乃行营高敞地,令其旁可置万家,余视其母冢,良然"。《魏世家》赞曰"吾适故大梁之墟,墟中人曰:'秦之破梁,引河沟而灌大梁,三月城坏,王请降,遂灭魏'"。这是实地调查。实地调查,是《史记》中最宝贵的史料来源。下面更有太史公深入实地调查,并且亲自实践的事例。《太史公自序》曰:"二十而南游江、淮,上会稽,探禹穴,窥九嶷,浮于沅、湘,北涉汶、泗,讲业齐、鲁之都,观孔子之遗风,乡射邹峄,厄困鄱、薛、彭城,过梁、楚以归。"更是深入实地调查,并且亲自实践。所谓"上会稽,探禹穴",就是南到浙江绍兴的会稽山,调查夏禹的遗迹。"窥九嶷",就是由浙江到湘南的宁远县境,登上九嶷山,勘查虞舜的坟地。"浮于沅、湘",就是由九疑山顺湘水而下,北至长沙,调查屈原贾谊的史料。"北涉汶泗",则是北上访闻孔子故地齐鲁,今天的山东;并亲自实践,演习仪礼,"讲业齐鲁之都"。这样亲自实践,实地调查得来的材料,当然是最可靠、最宝贵。这是亲自调查,直接得来的第一手材料。也有间接调查,从交游的人那里,间接得来的材料。《郦生陆贾列传》赞有云"至平原君子与余善,是以得具论之",《田叔传》赞有云"仁与余善,余故并论之",《张释之冯唐列传》有云"遂字王孙,亦奇士,与余善"。这些皆是间接得来的材料。

因此,《史记》的史料价值是极高的。每一时期的重要问题,重要人物,重要年代,都正确反映无误。如《殷本纪》所载商代世次,经过近几十年甲骨文字的发现和研究,都征信无误。又如《十二诸侯年表》把周召共和以后,中国历史年代完全确定排列无误。这都说明《史记》史料可靠性极大,史料价值极高。

也因此,《史记》在中国史学上,享有最高的地位。它有五十二万六千五百字,保存了中国古代史上极其重要的材料,是我国古代第一部大书,是中国古代第一部通史,把中国古代历史做了一次较全面的总结,也是研究中国古史唯一系统完整而史料价值最高的史书。

(二)《史记》的优点

具体来说,《史记》的优点,可从下述四个方面进行探究。

1. 善于运用历史材料整理加工

《史记》保存了丰富而极有价值的史料。特别是关于上古史,不读《史记》,无从得知。前面说过,《史记》史料来源包括书籍、档案和访闻。但书籍、档案是一大堆材料,必须整理,才能有用。好像一堆乱麻,千丝万缕,半文不值;须经整理,有头有绪,方可织成麻葛,缝成衣服,价值就大了。司马迁的高明处,就在于能从一大堆乱麻中,一大堆史料中,去粗取精,去伪存真,整理加工,自成体系,成为一部伟大的《史记》。其方法无非是将上述来源的史料,综合排比,裁剪整理,制作改造,分门别类。然后再依袭前人已有过的体例,在此基础上创新自己的体例,增添删节,加工改造,而分本纪、表、书、世家、列传,形成自己独特的体系。

首先,司马迁在运用史料、裁剪整理时,采取非常审慎的态度。《五帝本纪》赞有曰:"学者多称五帝,尚矣。然《尚书》独载尧以来;而百家言黄帝,其文不雅驯,荐绅先生难言之。"又《伯夷列传》开头就说:"夫学者载籍极博,犹考信于六艺。"在《三代世表》中又云:"五帝,三代之记,尚矣。自殷以前诸侯不可得而谱,周以来乃颇可著。孔子因史文次《春秋》,纪元年,正时日月,盖其详哉。至于序《尚书》则略无年月;或颇有,然多阙,不可录。故疑则传疑,盖其慎也。"这些都充分说明司马迁运用史料的审慎态度。

由于这样的审慎态度,司马迁在选材时,更又采取"阙疑"的原则。《三代世表》里说"故疑则传疑",《高祖功臣侯年表》序说"疑者阙之",《仲尼弟子列传》赞说"疑者阙焉",都是"阙疑"的做法。这是干脆有疑就阙。有时则有疑并存,以待后人判断。如对老子的姓名、年龄、籍贯等,他没有把握肯定哪一说是实,就在《老子列传》中用几个"或曰"陈列出来,不做结论,而用"世莫知其然否"的存疑语句,以待后人判断。这是存疑。又在《孟子荀卿列传》中说:"盖墨翟,宋之大夫,善守御,为节用。或曰并孔子时,或曰在其后。"这也是存疑的做法。这样实事求是、知之为知之、不知为不知的态度,正是做学问的科学态度,是治史者应有的严谨精神。司马迁在这方面为我们后人树立了可敬的楷模。

但也由于这样的审慎态度和有疑并存的原则,《史记》中往往同一件事,在本纪和列传,世家和年表中彼此记载不同,互相抵牾。如《周本纪》有云:"帝舜曰:'弃,黎民始饥,尔后稷播时百谷。'封弃于邰,号曰后稷,别姓姬氏。"梁玉绳对此曾持异议说:"弃之封国赐姓,与禹契同时,皆出于尧,非舜也,已说见《殷纪》。而尧封稷于邰,《刘敬传》明载之,何史公之自相抵牾邪!"(梁玉绳《史记志疑》卷三)又《五帝本纪》有曰:"自黄帝至舜禹,皆同姓而异其国号。"梁玉绳对此曾非议说:"史之五帝之姓,多缺不具,而夏之姓姒,下文已明书之,何云同姓哉?此《史通》所谓连行接句,顿成乖角者也。"(梁玉绳《史记志疑》卷一)这些前后抵牾,也可能是司马迁疏漏失检,但大多是由于史料来源不同,一时不能决断取舍,司马迁就采用了并存不废、有疑并存的做法。梁玉绳不了解,故有此议。也因为这样的缘故,更有赵瞻著《史记抵牾论》五卷(载《宋史》卷二〇三《艺文志·别史类》,已佚不见),大概也不外是类此之作吧!

　　司马迁善存疑,但也敢否疑。如《周本纪》云:"学者皆称周伐纣,居洛邑。综其实不然。武王营之,成王使召公卜居,居九鼎焉,而周复都丰、镐。至犬戎败幽王,周乃东徙于洛邑。所谓'周公葬毕',毕在镐东南杜中。"这便否定了过去"学者皆称周伐纣,居洛邑"的说法,而肯定了周都洛邑是在犬戎败幽王后。又如《大宛列传》赞云:"《禹本纪》言:'河出昆仑。昆仑其高二千五百余里,日月所相避隐为光明也,其上有醴泉、瑶池。'今自张骞使大夏之后也,穷河源,恶睹《本纪》所谓昆仑者乎?"这便否定了《禹本纪》河出昆仑之说,正如司马贞《索隐》所言:"谓《禹本纪》及《山海经》为虚妄也。"如《郦生陆贾列传》赞云"世之传郦生书……"史迁在这里把过去一般都认为郦生见汉王是在"汉王已拔三秦,东击项籍,而引军于巩、洛之间"的时候,作为疑误否定了,而肯定是在汉王未入关之前,"与项羽别而至高阳"。这些都表现了司马迁能存疑,但也敢否疑的科学态度。

其次，太史公在运用史料、整理加工时，还有一个重要的优点，是对材料的剪裁与安排，繁简适当。一段材料，繁于甲篇，则简于乙篇。同时，一段材料，或收入甲篇，或收入乙篇，必衡量轻重，斟酌损益。如《尚书·洪范》全文，补收入《周本纪》，在《周本纪》只说"武王已克殷，后二年，问箕子殷所以亡。箕子不忍言殷恶，以存亡国宜告。武王亦丑，故问以天道"。是什么天道？天道的内容，《洪范》的全文，未详载了。而将《洪范》全文收入《宋微子世家》。因为宋是殷的后裔，收入此中为宜。又如鸿门宴详于《项羽本纪》，而略于《高祖本纪》，是因为《鸿门宴》的主题思想，是抑刘扬项，长项羽的志气，灭刘邦的威风。司马迁在汉武帝时写此文章，无异是出武帝老祖宗的丑，不敢露骨地写在《高祖本纪》中，只好隐约地掩盖在《项羽本纪》中。对项羽来说，本是史迁所要扬，故在《项羽本纪》中将鸿门宴大写特写，有声有色。这都是繁简适当的做法。其他如《周本纪》云"初，管蔡畔周，周公讨之……其事在周公之篇"；《秦本纪》云"（孝公）三年，卫鞅说孝公变法修刑……其事在商君语中"；《秦始皇本纪》云"其赐死"，语具在《李斯传》中，《吕太后本纪》云"朱虚侯刘章有气力……语在齐王语中"；《孝文本纪》云"事在吕后语中"；《留侯世家》云"项羽至鸿门下……语在项羽事中"；《绛侯周勃世家》云"高后崩，吕禄以赵王为汉上将军……其语在吕后、孝文事中"；《萧相国世家》云"何进言韩信，汉王以信为大将军。语在淮阴侯事中"；《赵世家》"文公所以反国及霸，多赵衰计策。语在晋事中"；《礼书》云"孝景时，御史大夫晁错明于世务刑名，数干谏……事在袁盎语中"；《郦生陆贾列传》云"孝文帝即位，欲使人之南越。陈丞相等乃言陆生为太中大夫，往使尉佗，……语在南越语中"。同传又云："汉已诛布，闻平原君谏不与谋,得不诛。语在黥布语中。"这些都是详于彼,则略于此的繁简适当的手法。

在材料整理加工方面,《史记》更有一个重要的优点,是译俗。即把历史材料中的古词古语,译成司马迁所处西汉当时的通用语言和词汇。这是一种很好的做法。例如,《尚书》艰深,难于理解,不要说今天,就是在西汉时,已为人难懂,史公就在很多引文中作了些译俗。我初步搜集,仅在《五帝本纪》《夏本纪》《殷本纪》《周本纪》等篇中,就有这么一些:

《五帝本纪》中:

敬顺昊天,《尚书·尧典》作"钦若昊天"。

能明驯德,《尚书·尧典》作"克明俊德"。

数法日月星辰,《尚书·尧典》作"历象日月星辰"。

便程东作,《尚书·大传》作"辩秩东作"。

便在伏物,《尚书·尧典》作"平在朔易"。

辩于群神,《尚书·舜典》作"遍于群神"。

舜让于德不怿,《今文尚书》"不怿"作"不怡",《古文尚书》"不怿"作"不嗣"。

黎民始饥,《今文尚书》"始饥"作"祖饥",《古文尚书》"始饥"作"阻饥"。

五流有度,《尚书·舜典》作"五流有宅"。

以夔为典乐,教稚子,《尚书·舜典》"稚子"作"胄子"。

合和万国,《尚书·尧典》作"协和万邦"。

《夏本纪》中:

彭蠡既都,《古文尚书》作"彭蠡既豬"。

阳鸟所居,《古文尚书》作"阳鸟攸居"。

三危既度,《尚书·禹贡》作"三危既宅"。

来始滑,《古文尚书》作"在治忽",《今文尚书》作"采政忽"。

九山栞旅,《今文尚书》作"九山刊旅"。

《殷本纪》中:

格女众庶,《尚书·汤誓》作"格尔众庶"。

敢行举乱,《尚书·汤誓》作"敢行称乱"。

今夏多罪,《尚书·汤誓》作"有夏多罪"。

我君不恤我众,《尚书·汤誓》作"我后不恤我众"。

舍我啬事而割政,《尚书·汤誓》作"舍我穑事而割正夏"。

女其曰:"有罪,其奈何?"《尚书·汤誓》作"今汝其曰:'夏罪其如台?'"

率夺夏国,《尚书·汤誓》作"率割夏邑"。

有众率怠不和,《尚书·汤誓》作"有众率怠弗协"。

是日何时丧?予与女皆亡,《尚书·汤誓》作"时日曷丧?予及汝皆亡"。

予其大理女,《尚书·汤誓》作"予其大赉汝"。

予则帑僇女,《尚书·汤誓》作"予则孥戮汝"。

《周本纪》中:

远矣!西土之人,《今文尚书·牧誓》作"逖矣!西土之人"。

我有国家君,《今文尚书·牧誓》作"我友邦冢君"(此处译"邦"为"国",更有避刘邦讳意)。

不过六步七步,《今文尚书·牧誓》作"不愆于六步、七步"。

还有,引用《国语》《战国策》《世本》等书时,也随时有译俗的。因此,宋代王观国在《学林》中说:

> 观《史记》,用《尚书》《战国策》《国语》《世本》《左氏

传》之文，多改其正文。改"绩用"为"功用"，改"厥田"为"其田"，改"肆觐"为"遂见"，改"宵中"为"夜中"，改"咨四岳"为"嗟四岳"，改"革姦"为"至姦"，改"慎徽"为"慎和"，改"烈风"为"暴风"，改"克从"为"能从"，改"浚川"为"决川"，如此类甚多。

事实确是如此。只不过是王观国虽看出了这情况，而不知司马迁的深刻用意是为了译俗。

也偶有句中，为了译俗易懂，史公为之加减字句，变易原文的。如《尚书·尧典》有"试可乃已"，意晦难懂，史公引在《五帝本纪》中，便增改字句为"试不可用而已"，就明显易懂了。故钱大昕在其《廿二史考异》中曰："古人语急，以不可为可也。古今简质，得史公而义益明。"而后人不察其意，便以为是史公在任意篡改古书，因而妄加批评。如宋人倪思作《迁书删改古书异词》十二卷，用宋代尚可见到的汉代书籍，与《史记》文词比较，证明其异而加批评，就是这种"不察其意"的一种。

关于译俗，史公更有一法，就是文中参用当时流行的俚语和歌谣。如《陈涉世家》云："客曰：'夥颐，涉之为王沈沈者。'""夥颐"就是当时的俚语。《淮南衡山列传》载有："民有作歌歌淮南厉王曰：'一尺布，尚可缝；一斗粟，尚可舂。兄弟二人不能相容。'"《魏其武安侯列传》载有："颍水清，灌氏宁；颍水浊，灌氏族。"这都是歌谣。司马迁把这样的俚语、歌谣写入《史记》，并且不喜多古字，较之班固之在《汉书》中好用古字，要接近民间，通俗易懂多了。又史公喜以时人之称而称人，更是平易近人，通俗易晓。如顺时人之称"黥布"，而不称"英布"；顺时人之称"南越尉佗"，而不称"赵佗"。又如石奋父子五人，都官至二千石，合计有一万石，时人称"万石君"，《史记》中说：就以时人之称而曰"万石君"。无怪刘知几在《史通·称谓篇》中说:"赵佗而曰'尉佗',英布而曰'黥布',奋、建父子都称'万石',凡此诸名,皆出当代史臣编录,无复张弛。盖取用随时,不藉稽古。"更足说明《史记》之取材朴实,行文通俗了。

2. 观点较进步

我说《史记》的观点较进步,是与同时代的史学家相比而言较为进步。如与同时代稍后一点的班固相比,司马迁的观点,就要进步得多。如《史记》为项羽立本纪,且列在《高祖本纪》之前;为陈涉立世家,且列在当时的王侯将相的世家之前。而班固《汉书》则相反,把陈涉由世家降入列传,并删去了"由涉首事也"一句,这就明显表现出司马迁比班固的观点进步得多。

《史记》的进步观点,首先表现在对待农民起义问题上。司马迁非常重视农民起义,对农民起义的评价是很高的。他在《自序》里说:

> 桀、纣失其道而汤、武作,周失其道而《春秋》作,秦失其政治而陈涉发迹。

这简直是把陈涉起义比之于汤、武伐桀、纣,孔子作《春秋》那样的崇高地位。并把暴秦的推翻,完全归功于陈胜起义,因此在《自序》里接着说:

> 诸侯作难,风起云蒸,卒亡秦族。天下之端,自涉发难。

又在《陈涉世家》里说:

> 陈胜虽已死,其所置遣侯王将相竟亡秦,由涉首事也。

其对项羽起义的评价,也是很高的,在《秦楚之际月表》里说:

> 初作难,发于陈涉。虐戾灭秦,自项氏。拨乱诛暴,平

>定海内,卒践帝祚,成于汉家。五年之间,号令三嬗。

把项羽和陈胜等量,更把陈胜项羽和汉高祖齐观,而曰"五年之间,号令三嬗",将三者都抬高到至尊的地位。

其次,《史记》观点较为进步的地方,表现在重视生产,注意发展经济,懂得价值规律。经济是社会的基础,在此以前或同时代的人,是未有像太史公这样重视强调的。《货殖列传》曰:

>故待农而食之,虞而出之,工而成之,商而通之。

指出农矿工商是发展生产,繁荣经济的源泉。又强调创造社会财富、富国强民的基本力量是农矿工商四民,故在同篇里又曰:

>此四者,民所衣食之原也。原大则饶,原小则鲜。上则富国,下则富家。

并且指出,如若违反这些基本认识,必致民穷国贫。因此同篇里又引《周书》曰:

>"农不出则乏其食,工不出则乏其事,商不出则三宝绝,虞不出则财匮少。"财匮少而山泽不辟矣。

当时的西汉政府,对经济发展采取"重农抑商"政策,这是违反历史规律、不利于经济发展的。司马迁看到了这一点,提出了与此相反的看法。《货殖列传》曰:

>故善者因之,其次利道之,其次教诲之,其次整齐之,最下者与之争。

"与之争"就是抑商,他认为是下策。这是明显的反对"重农抑商"而提出要因势利导,认为只有顺应历史发展规律,才是"善者",才是上策。这是正确的、进步的发展经济的观点。并且,

在同篇里,司马迁又及时指出,由于当时历史、经济的发展,对商业非但不能"抑",而且必须让它自由地发展。因曰:

> 贫富之道,莫之夺予,而巧者有余,拙者不足。

更了不起的是,当时司马迁已能认识到价值规律的作用,在同篇里曰:

> 人各任其能,竭其力,以得所欲。故物贱之征贵,贵之征贱。各劝其业,乐其事,若水之趋下,日夜无时休,不召而自来,不求而民出之。岂非道之所符,而自然之验邪?

这里说的"物贱之征贵,贵之征贱",就是价值规律的意思。"若水之趋下,日夜无时休,不召而自来,不求而民出之",是说这价值规律不以人的意志为转移,而客观地、自觉地在运动。在两千多年前的司马迁,就能这样较深刻地认识价值规律,并以之反对当时违反价值规律和经济发展的"抑商"政策,不能不说是了不起的进步观点。

在此进步观点的基础上,司马迁当然更要反对老子那一套久已不适应历史发展的"小国寡民"的原始的小生产经济了。他在《货殖列传》开头便说:

> 老子曰:"至治之极,邻国相望,鸡狗之声相闻,民各甘其食,美其服,安其俗,乐其业,至老死不相往来。"必用此为务,挽近世涂民耳目,则几无行矣。

太史公是在说,在当时西汉历史条件下,如尚采老子之说,那是开历史的倒车,"则几无行矣"。批判得深刻有力。

再次,《史记》观点较为进步的地方,表现在能够历史唯物主义地论人论事。凡是推动历史前进的人和事则褒,反之则贬。

不拘正统观念，不以成败论英雄。以"政由谁出"为史，不守宗法正统。

因此，司马迁在《史记》里，以共和为周、召行政之号，《周本纪》曰：

> 召公、周公二相行政，号曰"共和"。共和十四年，厉王死于彘。

这在宗法正统观念者看来，是有违《春秋》、大乖义理的。清儒梁玉绳就这样批判太史公，在其著《史记志疑》卷三有曰：

> 然窃怪史公以共和纪年，大违《春秋》。

其实，当时厉王残暴，人民起来推翻了他，是正义的行动。而厉王已出奔于彘，不再掌权，"共和"行政，是推动当时历史前进的人和事，故史公以之纪年，不再以僵死的、名存实亡的厉王纪年，以"政由谁出"为是，不拘宗法正统观念，这完全是进步的观点。

政由谁出，就以谁为主，而不以宗法正统为主，这是太史公的一个重要历史观点。这是一个进步的观点。"政由谁出"，就是要统一，不要分裂；要名副其实，不要名存实亡；要变革前进，不要正统观念。因此，这是进步的观点。因从"政由谁出"的政治观点出发，故在晋存百年之前，太史公就以韩之武子，赵之简襄子纪年。也因此，为项羽立本纪，且列在《高祖本纪》之前。因为在秦亡汉立之前，楚汉之际，天下实际已是"政由羽出"，由羽发号施令，起了一国之主的作用。故为项羽立本纪，而不以成败论英雄。又因项羽的掌权在刘邦之先，故列《项羽本纪》于《高祖本纪》之前，这都是进步而正确的观点。相反的，惠帝虽名为帝，而政不由出，有名无实，故《史记》不为立本纪。而吕后虽名未称帝，但政由其出，实际称制而掌皇帝权，故《史记》为立本纪。

同时,太史公在论人论事时,颇能褒贬适当,实事求是,一分为二。如对项羽,无论在为其立本纪这样大的义理体例或文章叙述行间,都基本上是褒的,但对其"天亡我"的错误思想,是非常反对而贬斥的。在《项羽本纪》赞中,虽先褒曰:

> 夫秦失其政,陈涉首难,豪杰蜂起,相与并争,不可胜数。然羽非有尺寸,乘势起陇亩之中,三年,遂将五诸侯灭秦,分裂天下,而封王侯,政由羽出,号为"霸王",位虽不终,近古以来,未尝有也。

继又贬曰:

> 及羽背关怀楚,放逐义帝而自立,怨王侯叛己,难矣。自矜功伐,奋其私智而不师古,谓霸王之业,欲以力征经营天下。五年卒亡其国,身死东城,尚不觉寤而不自责,过矣。乃引"天亡我,非用兵之罪也",岂不谬哉!

对陈涉,虽也是极褒其起义行动,在义理体例为之立世家,并在世家中褒曰:

> 陈胜虽已死,其所置遣侯王将相竟亡秦,由涉首事也。

但在同篇中也贬曰:

> 以苛察为忠……诸将以其故不亲附,此其所以败也。

这都是比较实事求是、一分为二的,褒贬恰当。

对一些在史公手下是贬的人,虽深恶痛绝,但也实事求是,功罪得当。如在史公笔下的吕后,酖杀赵王如意,残害戚夫人,惨无人道;谋诛功臣,封王诸吕,阴险毒辣。虽是深恶痛绝,但以

"政由谁出"而论,她确是掌了一个时期的权,"号令一出太后,太后称制"(《吕太后本纪》),从历史实际出发,仍得为其立本纪。而在史公笔下的惠帝,虽褒其"为人仁弱",而又"慈仁"(《吕太后本纪》),但其虽为帝,而政未由其出,未掌国权,从历史实际出发,仍不得为其立本纪。即使对酷吏,史公虽是极其憎恶的,然也一分为二地说他们:"引是非,争天下大体","据法守正"(《酷吏列传》)。无怪乎班固在《汉书·司马迁传》中赞曰:

> 然自刘向、扬雄博极群书,皆称迁有良史之才……其文直,其事核,不虚美,不隐恶,故谓之实录。

一个史学家的任务,就是要如实地反映历史实际,揭示历史的客观规律。而要做到这一点,除了要有正确的历史观点外,更要有实事求是、"不虚美,不隐恶"、不加己怨、不私己恩、大公无私、执笔不阿的高尚精神。司马迁是做到了这一点的。

最后,《史记》观点较为进步的地方,表现在敢于揭露统治阶级的腐朽和罪恶。一般史书,是后朝甚至是隔了几朝来修前朝的,太史公以当朝人来修当朝史,对汉朝的人和事,特别是皇帝,当然不敢直接揭露,公开责骂,只能采取隐蔽手法,太史公是善于此法的能手。如在《高祖本纪》中,表面上看不出一句贬骂的字句,但通过"好酒及色"、"常从王媪、武负贳酒"、"乃绐为谒曰:'贺钱万',实不持一钱"等段的描述,使人读了,很自然地感到这刘邦不就是一个流氓无赖吗?又通过侧面,在《项羽本纪》中写出刘邦在睢水大败后的那副狼狈相,并接着写道:

> 汉王道逢得孝惠、鲁元,乃载行。楚骑追汉王,汉王急,推堕孝惠、鲁元车下,滕公常下收载之。如是者三。曰:"虽急不可以驱,奈何弃之!"

读了这一段,谁都会不由自主地感到刘邦这个怕死鬼,只顾自己逃命,狠心推下自己亲生儿女于不顾,何其忍也!连一点起码的动物本能、为人之父的天性都没有。又在同篇中写到楚汉俱临广武而军,项王"为高俎,置太公其上",欲烹太公时,刘邦竟说出这样的话:

> 吾翁即若翁,必欲烹而翁,则幸分我一杯羹。

这不再一次说明刘邦是一个只顾自己升官发财,无父无亲,残忍成性的流氓无赖吗?这都是高明的寓褒贬于叙事之中的写法。至于上述两段文字,详于《项羽本纪》而略于《高祖本纪》,更是正面不载,而通过侧面揭露,是寓褒贬于叙事之中的又一高妙手法。

在《封禅书》里,表面上没有一句贬责汉武帝的话,而在叙事中,却通过李少君、文成将军、栾大的欺诳为事,反映出汉武帝的欲求长生不老,愚不可及。这是对统治阶级罪恶腐朽的无情揭露和鞭笞。在《循吏列传》中,四人皆春秋战国时人;而在《酷吏列传》中,十人都是汉朝人。两者恰成鲜明对比,是对汉朝残暴统治的揭露。这样不通过语言,只通过人物的对比排列来抨击,又是《史记》寓褒贬于叙事之中的另一高明手法。

更有一法,在叙事中,上句看上去好像是褒,下句实则讽刺贬责。《高祖本纪》有曰:

> (高祖)仁而爱人,喜施,意豁如也。

这看去是很好的恭维话,可是下面接着就说:

> 常有大度,不事家人生产作业。

这不是在写他是个不爱劳动、游手好闲的二流子吗?又酷吏

《王温舒传》有曰：

> 其好杀伐行威不爱人如此。

这好像是在骂王温舒，但接着就说：

> 天子闻之，以为能，迁为中尉。

这就实际上是在骂皇帝了。这样骂了你，还以为是恭维你。名为骂他人，实则是骂皇帝。骂了你，你还不知道。这是《史记》寓褒贬于叙事中的绝妙手法。故顾炎武《日知录》卷二十六说：

> 古人作史，有不待论断而于序事之中，即见其旨者，惟太史公能之。《平准书》末载卜式语，《王翦传》末载客语，《荆轲传》末载鲁勾践语，《晁错传》末载邓公与景帝语，《武安侯田蚡传》末载武帝语，皆史家于叙事中寓论断法也。

因此，无怪乎汉武帝要"怒而削之"，卫宏《汉旧仪注》云：

> 司马迁极言景帝与武帝之短，武帝"怒而削之"。

又无怪乎王允要杀蔡邕，以为武帝不杀司马迁，留谤书于后世。《史记》确是一部敢于揭露统治阶级罪恶和腐朽的谤书。

3. 厚今薄古

A 班固《汉书·司马迁传》曰：

> 司马迁据《左氏国语》，采《世本》《战国策》，述《楚汉春秋》，接其后事，讫于天汉，其言秦、汉，详矣。

"其言秦、汉，详矣"，就是厚今。对司马迁来说的"今"，就是秦汉。《平准书》有云：

> 自高辛氏之前尚矣，靡得而记云。

《货殖列传》有云：

> 夫神农以前，吾不知已。

《龟策列传》有云：

> 唐虞以上，不可记已。

这是薄古。

由于太史公是主张厚今薄古的，故对当时厚古薄今之论，他是非常反对而提出尖锐批评的，在《高祖功臣侯者年表》里就说：

> 观所以得尊宠及所以废辱，亦当世得失之林也，何必旧闻？

这是在尖锐批评那些"厚古"的论调。又在《六国年表》里说：

> 独有秦记，又不载日月，其文略不具。然战国之权变亦有颇采可者，何必上古！秦取天下多暴，然世变异，成功大。传曰"法后王"，何也？以其近已而俗变相类，议卑而易行也。学者牵于所闻，见秦在帝位日浅，不察其终始，因举而笑之，不敢道，此与以耳食无异。

这是在尖锐批评那些"薄今"论者——简直是"与以耳食无异"。

太史公对"厚今薄古"在理论上的论述是如此，在具体撰述上是怎样贯彻了这一原则的呢？首先，在撰述本纪时，愈远愈简，愈近愈详。把最远最古的五帝，薄得只写成一纪。接后一点的夏、商、周，仍薄而略厚一点点，各列一纪。再后一点的秦代，就较厚而写成两纪，既有《秦本纪》，又有《秦始皇本纪》。到汉代，已经是"今"了，就最厚，把各个皇帝，各为一纪，而且记载事实也愈详而尽。其次,在作表时,三代最古就最薄,只作世表。十二诸侯较近,就较厚,作年表。秦楚之际,最近,就最厚,作月表。这就表现时代愈远愈古就愈薄,时代愈近愈今就愈厚。这是厚今薄古在《史记》里的具体体现。

4. 文学价值高

《史记》之所以流传到今天而不朽,不但由于它是一部历史巨著,还由于它是一部伟大的文学名著,故世誉之为"史家之绝唱,无韵之离骚"。

而《史记》之所以成为一部伟大文学名著,是因为其在创作思想上富有爱国主义和人民性,在写作态度上富有现实主义精神,在写作手法上善于运用形象和典型;加之语言熟练精辟,感染力深。

《史记》所歌颂的人物,首先是爱国主义者,其次是带有人民性的代表。

屈原是被司马迁作为最尊崇的一个爱国主义形象而歌颂的。《屈原贾生列传》曰:

> 余读《离骚》《天问》《招魂》《哀郢》,悲其志。适长沙,观屈原所自沉渊,未尝不垂涕,想见其为人。

这深深地显示了司马迁对屈原的尊崇和热爱。为什么这样呢?因为屈原是一位伟大的爱国主义者,爱其楚国,这在同篇里的下述一段话也说明了这一点:

> 屈平既嫉之,虽放流,眷顾楚国,系心怀王,不忘欲反,冀幸君之一悟,俗之一改也。其存君兴国欲反覆之,一篇之中三致志焉。

在同篇中又曰:

> 推此志也,虽与日月争光可也。

这可说是尊崇之至,以日月相推崇。

廉颇、蔺相如,是被司马迁作为爱国主义者而歌颂的另两个形象,因为他们两人以国家利益为重,而不计较个人私怨,"先国家之急而后私仇"。《廉颇·蔺相如传》曰:

> 相如曰:"顾吾念之,强秦之所以不敢加兵于赵者,徒以吾两人在也。今两虎共斗,其势不俱生。吾所以为此者,以先国家之急而后私仇也。"廉颇闻之,肉袒负荆,因宾客至蔺相如门谢罪。曰:"鄙贱之人,不知将军宽之至此也。"卒相与欢,为刎颈之交。"

对蔺相如,司马迁更是推崇备至,而在同篇赞中曰:

> 相如一奋其气,威信敌国,退而让颇,名重太山,其处智勇,可谓兼之矣。

陈涉是中国第一次农民起义的领袖,司马迁是将其作为最推崇的第一个带有人民性的代表而列入世家的。"世家",本是世袭王家。王侯将相的纪传,按旧例陈涉是不能列入的。而司马迁把他列入,足见他对人民性代表的歌颂。在《太史公自序》里,司马迁对陈涉的歌颂无以复加:

> 桀、纣失其道而汤武作,周失其道而《春秋》作。秦失其政,而陈涉发迹,诸侯作难,风起云蒸,卒亡秦族。天下之端,自涉发难。

这简直是把陈涉比之于汤、武、孔子。在儒家的眼光里,汤、武、孔子是至高的圣人,以陈涉比之,可见司马迁对人民性代表的热情歌颂。

另外，司马迁在《司马穰苴列传》里赞美司马穰苴，是因司马穰苴爱人民，有人民性：

> 士卒次舍、井灶、饮食、问疾、医药，身自拊循之。悉取将军之资粮享士卒。身与士卒平分粮食，最比其羸弱者。三日而后勒兵。病者皆求行，争奋出为之赴战。晋师闻之，为罢去。燕师闻之，度水而解。于是追击之，遂取所亡封内故境而引兵归。

同样，在《李将军列传》里，赞扬李广；在《孙子吴起传》里，赞扬吴起。这也是因为他们爱士卒，爱人民，有人民性。《李将军列传》曰：

> 广之将兵，乏绝之处，见水，士卒不尽饮，广不近水；士卒不尽食，广不尝食。宽缓不苛，士以此爱乐为用。

《孙子吴起传》曰：

> 起之为将，与士卒最下者同衣食。卧不设席，行不骑乘，亲裹赢粮，与士卒分劳苦。卒有病疽者，起为吮之。

司马迁上述歌颂屈原、廉颇、蔺相如的爱国主义，赞美陈涉、李广、吴起的人民性，不是为了歌颂而歌颂，为了赞扬而赞扬，而是通过对历史人物和历史事实的歌颂和赞扬，来表达司马迁自己的思想和感情，来抒发自己的爱国主义思想和爱人民的感情。因此说，司马迁在创作思想上是富有爱国主义和人民性的。

《史记》在写作态度上的富有现实主义精神，主要表现在揭露统治阶级的腐朽和罪恶。用寓褒贬于叙事中、叙事中寓论断的手法，在《高祖本纪》中，把刘邦这个流氓及其流氓集团刻画得淋漓尽致；在《封禅书》中，把汉武帝这个追求长生不老，愚不可及,不顾人民死活,贪得无厌的凶暴相暴露无遗;在《平准书》中,彻底揭露了统治阶级对人民的剥削、压榨和残暴;在《酷吏列传》中,无情地抨击了那些剥削、压迫政策法令的执行者和统治阶级的帮凶。评论已见上述第二节(乙)《史记》的优点最后一点,这里不再赘述。

《史记》的写作手法,突出的有两点:一是形象性,二是典型性。

《史记》中的《项羽本纪》《李将军列传》,刻画人物都是形象鲜明,栩栩如生。《田单传》里的妙计"火牛阵",更是叙事跃然于纸,绘声绘色。这里举出《滑稽列传》中的一段,来看看对另外一个人物的刻画多么形象鲜明有趣:

> 威王八年,楚大发兵加齐。齐王使淳于髡之赵请救兵,赍金百斤,车马十驷。淳于髡仰天大笑,冠缨索绝。王曰:"先生少之乎?"髡曰:"何敢!"王曰:"笑岂有说乎?"髡曰:"今者臣从东方来,见道旁有禳田者,操一豚蹄,酒一盂,祝曰:'瓯窭满篝,汙邪满车,五谷蕃熟,穰穰满家。'臣见其所持者狭而所欲者奢,故笑之。"于是齐威王乃益赍黄金千镒,白璧十双,车马百驷。

这一段文字,刻画出了一个多么形象鲜明而有趣的滑稽大家。在《史记》中,这类形象性的刻画多得很,读了这一例,就可见一斑。这里再举出两个典型性的例子。一个是石奋,《万石张叔列传》里说:

> 过宫门阙,万石君必下车趋,见路马必式焉……上时赐食于家,必稽首俯伏而食之,如在上前。

这是用典型的手法,描写出一个典型的奴才相。

另一个是直不疑。《直不疑传》说：

> 塞侯直不疑者，南阳人也。为郎，事文帝。其同舍有告归，误持同舍郎金去，已而金主觉，妄意不疑，不疑谢有之，买金偿。而告归者来而归金，而前郎亡金者大惭，以此称为长者。文帝称举，稍迁至太中大夫。朝廷见，人或毁曰："不疑状貌甚美，然独无奈其善盗嫂何也！"不疑闻，曰："我乃无兄。"然终不自明也。

这里用典型的手法，描写出一个典型的"乡愿"，旧社会的所谓"忠厚长者"。而只有在典型的环境中，才有典型的人物。也就是只有在那封建统治极端专制，只许俯首听命的社会里，才有这样的奴才相；只有在那不允许明辨是非，而须精于处世技巧的社会里，才有这样的"乡愿"出现。这实际上是对西汉社会的控诉，是对统治者的专制黑暗的揭露。这是以典型的手法，对那典型的封建统治阶级的腐朽和罪恶的揭露和控诉。

最后，说到《史记》的语言。太史公用词精炼，表达人物思想感情鲜明有力。

《苏秦列传》里有这么简单几句苏秦和其嫂的对话：

> 苏秦笑谓其嫂曰："何前倨而后恭也？"嫂委蛇蒲服，以面掩地而谢曰："见季子位高金多也。"

这样简单的几句话，鲜明地写出当时封建社会的人情冷暖、世态炎凉，多么深刻有力！

《张仪列传》里，有这么简单几句张仪和其妻的对话：

> 其妻曰："嘻！子毋读书游说，安得此辱乎！"张仪谓其妻曰："视吾舌尚在不？"其妻笑曰："舌在也。"仪曰：

"足矣。"

这"舌在也"、"足矣",几个字,多么简练精辟!"舌在也",对战国时期那种靠三寸不烂之舌升官发财,扰乱天下是非的所谓"游说之士",是多么鄙视而讽刺!"足矣",干脆利落的两个字,十足深刻地刻画了人物的内心状态。

(三)史记的缺点

上面简略地论述了《史记》的四大优点,那么它的缺点呢?简论如次。

论述《史记》缺点最早的书,要算金代王若虚《滹南遗老集》中有《史记辨惑》十一卷,谓《史记》有十失:一、采摭之误;二、取舍不当;三、议论不当;四、文势不相承接;五、姓名冗复;六、字语重复;七、重叠载事;八、疑误;九、《史记》用"而"字多不妥,用"于是"、"乃遂"等字多不当;十、杂辨。这十失,后七点皆文章之事。文章之事,就很难说。文章是难如人意的,各有各的风格。记事论史,但求清楚明了,简练精辟,朴实可读就行,不一定要像文学作品那样文采华丽。这"十失"之评,不完全可取。

而我初步感到《史记》的缺陷,却在下列数点。

1. 史实有错

如《秦本纪》对三良殉葬是这样记载的:

> (缪公)三十九年,缪公卒,葬雍。从死者百七十七人,秦之良臣子舆氏三人名曰奄息、仲行、针虎,亦在从死之中。

接着并以"君子曰"的口气而责骂秦缪公曰:"死而弃民,收其良臣而从死。"秦缪公残暴,迫人殉葬是事实,但三良并非迫令殉葬，而是出于其感恩报戴之私，自愿从葬。《正义》注引应劭的话，说得很明白。应劭曰：

> 秦缪公与群臣饮酒酣，公曰："生共此乐，死共此哀。"于是奄息、仲行、针虎许诺。及公薨，皆从死。

这明明是三良生前许诺，死后自履其诺言而自愿从死，并非迫令从葬。古人常有这种"一诺千金"的愚忠的。曹子建也有诗云：

> 秦缪先下世，三臣皆自残。生时等荣乐，既殁同忧患。

这也和应劭的说法差不多，曹子建总也是有所据的，可为旁证。

又，《秦本纪》对秦晋战于河曲的记载，也是有乖史实的：

> （康公）六年，秦伐晋，取羁马。战于河曲，大败晋军。

但《左传》文公十二年，对这件事原是这样记载的：

> 战交绥，秦师夜遁。

杜预注：

> 古名退军为绥。秦晋志未能坚战，短兵未至争而两退，故曰交绥。

明明是双方撤退，而《秦本纪》曰"大败晋军"，显然有乖史实。

有把时间弄错的。《秦本纪》曰：

> （武公）十三年……晋灭霍、魏、耿。

而《索隐》按：

> 《春秋》鲁闵公元年，《左传》云："晋灭耿，灭魏，灭霍。"

则是晋灭此三国，是在鲁闵公元年。鲁闵公元年，即秦成公三年，而《秦本纪》书于秦武公十三年，错隔了二十四年。

有把地点弄错的。《秦本纪》曰:

> 孝公元年……魏筑长城,自郑滨洛以北,有上郡。楚自汉中,南有巴、黔中。

巴地属秦,非属楚,是把秦地错为楚地了。

也有把时间和地点都弄错了的。《周本纪》曰:

> (桓公)五年,郑怨,与鲁易许田。许田,天子之用事太山田也。

《春秋》对郑与鲁易许田之事,记在以后四年(但云"郑归祊"),这是把时间弄错了。许田,是鲁朝京师之汤沐邑,不是天子之用事太山田。《索隐》曰:

> 祊是郑祀太山之田。许是鲁朝京师之汤沐邑,有周公庙,郑以其近,故易取之。此云"许田,天子之用事太山田",误矣。

这是把地点弄错了。而《史记·周本纪》这一段记载,是把时间和地点都弄错了。

类似这样的史实错误还很多,这里只是随便从《秦本纪》和《周本纪》中举出几条,其他《史记》全书可举者尚多,拟以后另撰专论。

2. 体例不一

体例的问题,今天看来似乎无所谓,但在古史中,是很严格的。不说从所谓"正统"或"尊尊"的观点出发,即从记事要划一,以便后人检阅方便,清楚有条理,体例的统一,也是必要的。但《史记》中体例混乱的地方很多,这里随便举出几条:

《高祖本纪》曰:

> 六年……太公家令说太公曰："天无二日,土无二王。今高祖虽子,人主也;太公虽父,人臣也。奈何令人主拜人臣!如此,则威重不行。"

"高祖"是刘邦死后的庙号。此时家令说太公,刘邦尚活着而无庙号,且所引是说话者原语,怎能就称"高祖"而曰"今高祖虽子",只能称"皇帝"或"上"之类。所以王若虚《史记辨惑》曰:

> 是时未有高祖号,刘子元辨之,诚中其病。汉书改为皇帝,是矣。

王若虚之辨,是正确的。

又,《高祖本纪》曰:

> 群臣皆曰:"高祖起微细,拨乱世反之正。平定天下,为汉太祖,功最高。"上尊号为高皇帝。

既然大家尚在议上尊号为"高皇帝",怎么会在尚未议定之前,就已口称"高祖"而曰"高祖起微细"?这都是不符历史实际的。

《五帝本纪》曰:

> 帝禹为夏后。

在《夏本纪》有曰:

> 国号曰夏后,姓姒氏,帝禹立。

在夏时,只称"后"而不称"帝"。间称"王"则有之,未有称"帝"者。而这里既称"夏后",又称"帝禹",是明显的体例不一。

按周时的情况,周王死称"崩",诸侯王死称"卒"。而《周本纪》曰"唐王卒",《秦本纪》曰"武王死",《始皇本纪》曰"庄襄公死",都是体例不一的表现。

3. 择言不雅

太史公虽在《五帝本纪》赞中曰：

> 而百家言黄帝，其言不雅驯，荐绅先生难言之。

的确，史公取材是很审慎的，择言必雅，已如前述。但有时也不免泥沙俱下，鱼目混珠，择言不雅。《殷本纪》曰：

> 殷契，母曰简狄，有娀氏之女，为帝喾次妃。三人行浴，见玄鸟堕其卵，简狄取吞之，因孕生契。

清儒梁玉绳在其所著《史记志疑》卷二里，对这事就批判得很好：

> 盖史公作史，每采世俗不经之语。故于《殷纪》曰吞卵生契，于《周纪》曰践迹生弃，于《秦纪》又曰吞卵生大业，于《高纪》则曰梦神生季。一似帝王豪杰俱产生于鬼神异类，有是理乎！

这的确完全是世俗不经之语。我们知道，凡胎生动物，必雌雄交媾受精而后孕。即使是低级的胎生动物都如此，何况人是胎生动物中之高级者！即使当时是中国人类早期，尽管生产和文化水平低些，但生理原理当是一样的，岂可吞卵而孕就生契！

在《高祖本纪》中，更写了很多类似这样不符合实际，经不起思考分析的神奇怪话、世俗不经之类：

> 其先刘媪尝息大泽之陂，梦与神遇。是时雷电晦冥，太公往视，则见蛟龙于其上。已而有身，遂产高祖。

这是和上述吞卵生契一样的世俗不经之语，连最起码的生理常识都没有。在《高祖本纪》中又曰：

> 高祖为亭长时，常告归之田。吕后与两子居田中耨，有一老父过请饮，吕后因铺之。老父相吕后曰："夫人天下贵人。"令相两子。见孝惠，曰："夫人所以贵者，乃此男也。"相鲁元，亦皆贵。老父已去，高祖适从旁舍来，吕后具言客有过，相我子母皆大贵。高祖问，曰："未远。"乃追之，问老父。老父曰："乡者夫人、婴儿皆似君，君相贵不可言。"高祖乃谢曰："诚如父言，不敢忘德。"及高祖贵，遂不知老父处。

又曰：

> 高祖被酒，夜径泽中，令一人行前。行前者还报曰："前有大蛇当径，愿还。"高祖醉，曰："壮士行，何畏！"乃前，拔剑击斩蛇。蛇遂分为两，径开。行数里，醉，因卧。后人来至蛇所，有一老妪夜哭。人问何哭，妪曰："人杀吾子，故哭之。"人曰："妪子何为见杀？"妪曰："吾，白帝子也，化为蛇，当道，今为赤帝子斩之，故哭。"人乃以妪为不诚，欲告之，妪因忽不见。

又曰：

> 秦始皇帝常曰"东南有天子气"，于是因东游以厌之。高祖即自疑，亡匿，隐于芒、砀山泽岩石之间。吕后与人俱求，常得之。高祖怪问之。吕后曰："季所居上常有云气，故从往常得季。"高祖心喜。

这些记载，都是无稽之谈。即使当时有此传说，也是在宣扬宿命鬼神，循环因果，为刘邦做皇帝造舆论，为刘邦涂脂抹粉，太史公不宜采用。类似这样的记载还有很多，都是《史记》中之择言不雅者,都是《史记》中的糟粕,应予批判。

4. 唯心史观

上述这些神奇怪话、世俗不经之谈,为什么太史公会记载上去呢?这是由于他的世界观所决定的。我们知道,选材是带有观点的。在一大堆材料中,作者总会带着自己的观点去取舍。取其合于己者,舍其不合于己者。《史记》之所以把这些宣扬宿命鬼神、循环因果的材料也取进去,是因太史公本身就有很深的天道循环的唯心史观。不然的话,如果太史公是反宿命鬼神、反循环因果、反天道循环论的话,即使听到此种无稽之谈,也不会笔之于书,甚至会进行批判。

司马迁有很深的天道循环的唯心史观,这在《高祖本纪》赞中暴露得尤其突出:

> 太史公曰:夏之政忠,忠之敝,小人以野。故殷人承之以敬,敬之敝,小人以鬼。故周人承之以文,文之敝,小人以僿。故救僿莫若以忠。三王之道若循环,终而复始。

"三王之道若循环,终而复始",明显地表现出太史公的唯心史观——天道循环。《史记》里有很多进步观点,已如前述,但其根本的世界观是唯心的,是天道循环,终而复始。其他的一切,都是受他的这种唯心史观的制约和束缚的。因此,司马迁尽管较其同时代或稍前稍后的史学家有较进步的观点,但因其阶级局限,也就不能不有其历史的局限性。我们今天评价《史记》,评价司马迁,一定要看到其进步的一面,也要看到其根本的局限性。

一些关于评论《史记》和司马迁的书和论文,大多强调其优点的多,论及其缺点的少。这里特论其缺点,因篇幅所限,只略言之,待他时拟做专门论述。

三、编著体例和方法

《史记》的体例分为本纪、表、书、世家、列传五种,司马迁在《史记·太史公自序》里说:

> 略推三代,录秦汉,上记轩辕,下至于兹。著十二本纪,既科条之矣。并时异世,年差不明,作十表。礼乐损益,律历改易,兵权山川鬼神,天人之际,承敝通变,作八书。二十八宿环北辰,三十辐共一毂,运行无穷,辅拂股肱之臣配焉,忠信行道,以奉主上,作三十世家。扶义俶傥,不令己失时,立功名于天下,作七十列传。凡百三十篇。

这说明了《史记》的体例。这五种体例,有的是太史公自创的,有的是因袭前人旧体而改创的。现分述如次:

一、本纪,十二篇。本纪之体,非创于太史公,古已有之。《大宛传》赞曰:

> 《禹本纪》言"河出昆仑……"。至《禹本纪》《山海经》所有怪物,余不敢言之也。

由此可见,自古已有本纪一体,不过是太史公用之以纪朝代、帝王就是了。若夏、商、周本纪,以纪朝代为主。若秦始皇、汉高祖本纪,以纪帝王为主。本纪是大事记,是编年史,实际上是全书的总纲。故《索隐》曰:

> 纪者,记也,本其事而记之,故曰本纪。又纪,理也,丝缕有纪。而帝王书称纪者,言为后代纲纪也。

至若项羽未称帝,而列本纪者,以其在楚汉之际,"政由羽出","统理众事",故楚汉战争时期事,均载《项羽本纪》。吕后未称帝,而列本纪者,以其实际称制而掌皇帝权,政由其出。

二、表,十篇。《史记》之表,源于周之谱牒。《太史公自序》云:

> 维三代尚矣,年纪不可考,盖取之谱牒旧闻,本于兹,于是略推,作《三代世表第一》。

又云:

> 幽厉之后,周室衰微,诸侯专政,春秋有所不纪;而谱牒经略,五霸更盛衰,欲睹周世相先后之意,作十二诸侯年表第二。

可知表是依仿谱牒而创立的。其所以变谱为表,可能是"谱""表"二字音近,一声之转,因假"表"为"谱"。

表有两种。一种是大事年表,像《十二诸侯年表》《六国年表》《秦楚之际月表》,"年经事纬,纵横互订",字句既省,而又条理分明,清晰明目,是读春秋战国时期和秦楚之际历史的最好工具。一种是人物年表,如《汉兴以来诸侯王年表》《高祖功臣侯者年表》《惠景间侯者年表》《建元以来侯者年表》等。凡列侯将相、三公九卿,功名显著而于当时政治经济影响较大者,已专为立传。其他大臣,普通一般,无功无过者,传之不胜传,而又不容淹没于史,则以表载之。这大概是立表的由来。表与列传互相出入,相辅相成。记事无表,则不能提纲挈领;有表无文,则不明详细。

三、书,八篇。书这一体例,创自司马迁,非袭前人而作。赵翼在《廿二史札记》中说"八书乃史迁所创",说得正确。八书分礼、乐、律、历、天官、封禅、河渠、平准,分类系统记载典章制度,可以说是分类史。后来班固修《汉书》改"书"为"志"。其实,"书"和"志"的内容是一样的,后人不察其意,以后历朝史籍除欧阳修《新五代史》称为"考"外,其他就都因袭《汉书》改"书"为"志"了。

四、世家,三十篇。世家之体,也是本之于古。《卫康叔世家》赞有云:

> 余读世家言。

因此,赵翼《廿二史札记》曰:

> 《史记·卫世家》赞"余读世家言"云云,是古来本有世家一体。

太史公用之以纪王侯。因王侯开国,子孙世袭,故称世家。

本来世家是纪王侯世袭的,至若孔子之称世家,是因太史公对孔子特别景仰之故。陈涉称世家,是因太史公赞农民起义之故。

五、列传,七十篇。本来,古书中凡是记载事实,发表意见,解释经典,都可叫作传,并非像后来的传记才叫传。专记一人为一传,恐是司马迁改创而开始的。故赵翼《廿二史札记》曰:

> 古书凡记事立论及解经者,皆谓之传,非专记一人事迹也。其专记一人为一传者,则自迁始。

列传分两大类。一是人物传记,如《商鞅列传》《屈原列传》《刺客列传》。二是异国或异族传记,如《匈奴列传》《南越列传》《东越列传》《朝鲜列传》等。

上述五种体例,虽有分别,实为一体。后世都沿用它,虽有改"书"为"志"或"考",改"世家"为"载记",然各异而实同。此五体,本纪、表、世家三体,是仿之于古而立的,列传是在古有的基础上改创而成的,书则是史迁独创而非因袭前人的。太史公创此体例,名曰纪传体,开中国史学纪传体之始。

四、参考要籍

研究《史记》的参考书,最主要的有《史记》三家注:

一、《史记集解》八十卷,刘宋裴骃撰。此书采集诸家音义,考证经史,集前人各说而成。汉以前的部分,引用前人各家旧说。汉以后部分,则兼采《汉书》注解。此为现存《史记》旧注的最早注本。《集解》原书是单行本释文体,今佚不存。

二、《史记索隐》三十卷,唐司马贞撰。此书对音和义都注,并且不仅注释,而间多提出意见,批评前人得失,是又较胜于《集解》。《索隐》原本亦是单行本,释文体。今尚有《索隐》单行本。

三、《史记正义》三十卷,唐张守节撰。此书征引史实赅博,尤其对地理特别详细,对音义也较详密,是又更胜于《集解》和《索隐》。《正义》原本亦是单行本。

这《史记》三注,原来都是单行本,到宋代始将三家注分列《史记》正文之下,同时三家注仍各有单行本。到明朝国子监因感于三注单行阅读不方便,乃将三注散附于《史记》各句之下,先《集解》,次《索隐》,次《正义》,这叫监本。后来人多以此监本阅读方便,多读此本,三注单行本就无形废止了。清朝时有武英殿本,简称殿本,亦是集三注于一书。

日本人泷川龟太郎撰《史记会注考证》甚可参考。此书采集我国清代学者有关考证《史记》文字八十四种,以及日本学者注解《史记》文字十八种,合注而成。此书有其非一般可及的优点,日本东北大学藏有日本《史记》,书眉有《史记正义》千三百余条,为今本所无,而此书已采入。且此书搜集有日本人研究《史记》的成果十八种,亦是中国人集注《史记》中所没有的。

考证和研究《史记》的书,自唐至明,家数甚多。到清朝,考据学特别发达,而《史记》又为读史必读的第一部书,因而考证研究《史记》的书特别多。有专研《史记》的,如梁玉绳的《史记志疑》。有研究全史而研及《史记》的,如赵翼的《廿二史札记》、钱大昕的《廿二史考异》、王鸣盛的《十七史商榷》。有研究他书也研及《史记》的,如王念孙的《读书杂志》。其中以梁玉绳的《史记志疑》用功最深,考证最严密,研究《史记》者,除先读三家注外,必先读《史记志疑》。

五、版本介绍

《史记》最初的版本,为竹简。西汉时,书有竹简,也有缣帛。竹简叫篇,缣帛叫卷。《汉书·艺文志》载"太史公三百篇",《太史公自序》亦云"凡三百篇",可知《史记》最初是竹简。其后渐用缣帛为卷而成册,再后又分写本与刻本。

最初《史记》的版本,仅《史记》本身。至宋时始有三注分列《史记》正文之下的版本。及至明监本出,就成为三注散附于《史记》各句之下的版本。清乾隆时,有武英殿本,简称殿本,最为通行。清同治时,有金陵局本,是晚清时期较好的本子。

现存《史记》版本,以百衲本为最善。百衲本中有六十三卷是宋庆元时黄善夫刻本,其余六十七卷用明震泽王氏本配齐。黄善夫本,是现存最早的《史记》刻本。震泽本是依黄善夫本翻雕的,故也称善本。

中华书局一九五九年出版的《史记》点校本,当是当代点校《史记》的最好本子。此书以清金陵书局本作底本,并参考了清儒如梁玉绳、王念孙等对《史记》的研究成果,加以校勘,用功至巨,成果很大,但点错、漏校的地方还是不少。并且,应以百衲本作底本,而不宜以金陵局本作底本。在中华书局看来,认为张文虎校刊的金陵局本是一个比较完善的本子,其实,还是黄善夫本、配齐震泽王氏本的百衲本较好。

本书关于各史的中华书局点校本的版本介绍,是参阅其各史《出版说明》写的(以下各史同此,不再说明)。

附带说一点。近几年来,中华书局印有二十四史点校本,这是集当今名流之力,是当今最好的本子。这个点校本,主要是标点、分段和做了一些校勘。其优点是把一部没有标点、分段的大书标点、分段了,给阅读者特别是对还不能熟练地阅读古书的人以不少方便。在校勘方面也做了不少工作,特别是对一些未刊稿如近人张森楷的《校勘记》、张元济主持的各史校勘记录,也都曾采用,这是很好的。不足处是对未作注的各史未补做适当的注,对已作注的各史未做适当的注校。当然,这个工作工夫太大,恐非一时所能及。其次,点错、误校、漏校的地方也不少。有些不应点错的地方点错了,有些普通的、明显的应该校勘的地方漏校了。希望再版时,能够加以改正。

六、用途和阅读方法

前文已经说过,《史记》保存了我国古代史上极其重要的材料,把我国古代历史做了一次较全面的总结,是研究中国古史唯一系统完整、史料价值最高的史书。因此,《史记》的用途至广而深,是研究中国古史,特别是研究自黄帝时代至汉武帝太初间约三千年的古代史的最宝贵的材料。可以说,要研究上古史,非读《史记》不可。不读《史记》,无以知之。

同时,《史记》又是一部文学名著,文学价值很高,这在本章里已作论述。除了其创作思想、写作手法有其特别优越处,足资借鉴外,其行文流畅,叙事绘声绘色,有条有理,用词简练精辟,更是一个治史者所必学的。一个研究历史的人,写历史论著,虽不要像文学创作那样辞藻华丽,但总得行文有章,文字流畅,简明正确。不然的话,即使掌握丰富的史料,持有正确的观点,也不能写出很好的论著。写好文章,对一个研究历史的人,对一个历史系的学生来说,是很重要的。而《史记》又是一部文学名著,不但是我们研究古史必读不可的史书,也是我们学习写作的极好范本。这是《史记》对我们除研究历史外的又一宝贵用途。

要想读懂中国古史,特别是先秦古籍,必先精读一部古书。读懂了一部古书,其他的古书,就可迎刃而解。同样的道理,要想读懂二十四史,必先精读《史记》。读懂了《史记》,其余二十三史或其他史籍,都可迎刃而解,甚至连先秦诸籍,也可易懂而有基础了,因为《史记》是先秦古书的删节本,如大部分《尚书》材料收入了《五帝本纪》及夏、殷、周等本纪,《论语》的主要内容收入了《孔子世家》及《仲尼弟子列传》,《左传》《国语》散附在列国世家,先秦诸子概括在诸子列传。况且司马迁在采集先秦古籍特别是《尚书》的材料入《史记》时,已用当时西汉语言作了番译俗,则先读了《史记》,再去读先秦古籍如《尚书》等,便可较为易懂、事半功倍了。说到阅读《史记》的方法,首先要精读。有些重要的篇段,或自己觉得顺口喜诵的,就要背熟或半背半诵。朗朗可口，自会迎刃。其次，要对着《尚书》《国语》《论语》和《汉书》读。因为《史记》中前秦史几乎属于经学，大部分是从《诗》《书》《易》《礼》《春秋》等书而来。而《汉书》与《史记》增删异同，互可印证。最后，阅读《史记》要藉助三注。同时，阅读三注，而又要兼采众说，博览清代乾嘉学派对《史记》的研究成果。清代对《史记》研究的著作，已如前文所述。其中，梁玉绳的《史记志疑》特别值得研读。在读过梁氏全书的基础上，可自己归纳分析，排出专题，做出卡片，再考以其他众说，断以己意，写出心得，日积月累，自有成果。

第二章 汉 书

一、作者生平及撰述过程

班固,字孟坚,东汉时扶风安陵(今陕西咸阳)人。生于汉光武帝建武八年(公元三十二年),卒于和帝永元四年(公元九二年),年六十。父彪,字叔皮,欲踵《史记》,继续自汉武帝起,写完西汉一代历史,但只写完后传六十五篇便死了。

班固因出身于史学家庭,具有家学渊源,因而利用了他父亲已有的材料,加以补充整理,花了二十多年时间写成《汉书》,上起汉高祖元年(公元前二〇六年),下至王莽地皇四年(公元二四年),共二百三十年史事。

班固因随大将军窦宪出征匈奴,后窦宪失势自杀,固也就因家奴曾得罪种兢而被捕下狱,死于狱中。所著《汉书》,其八表和天文志尚未完成。后来和帝诏其妹班昭续写,继后又马绩再继班昭才写成,详情可见《后汉书》卷一一四《曹世叔妻传》。

因此,《汉书》不能说是班固一人撰成,应是班彪、班固、班昭、马绩四人撰成,而班固只能说是最主要的一人。

关于班固的事迹,详见《后汉书》卷七〇附班彪传及《后汉书》卷一〇〇《叙传》。

二、史料来源和价值及其在史学上的地位

《汉书》的史料来源,可分为两个部分。武帝以前,不但材料大多采自《史记》,连文章也大多抄自《史记》原文,仅做加工整理,增补并添而已。武帝以后史料则采自其父班彪所作后传六十五篇和各家所续《史记》或其他记载。

下面是班固在《汉书》里武帝以前部分对《史记》所作的加工整理,增补并添的情况。

增,是采用《史记》原来材料,增加的本传有卷三十四里的《吴芮传》、卷四十里的《王陵传》、卷四十五里的《蒯通传》《伍被传》、卷五十一里的《路温舒贾山枚乘传》、卷五十四里的附李陵传和附苏武传。增加的本纪有《惠帝本纪》。这些都是另增篇目,而材料都采自《史记》。在《史记》为附入别人传中的,在《汉书》则抽出另立一传。如《蒯通传》,材料采自《史记·张耳陈余列传》及《淮阴侯列传》;《伍被传》,材料采自《史记·淮南王传》。惟李陵、苏武传,并非全部采自《史记》,有一部分是班固自增的。

补,是在《史记》原篇章上,补充文章和史实。班固在撰《汉书》时,就在《史记》原篇章中,补充了一些文章和资料。如《贾谊传》补载《治安策》,《晁错传》补载《教太子疏》《言兵事疏》《募民徙塞下疏》《贤良策》,《路温舒传》补载《尚德缓刑疏》,《贾山传》补载《至言》,《邹阳传》补载《讽谏吴王濞邪谋书》,《枚乘传》补载《谏吴王谋逆书》。《汉书》中补载的这些文章,价值至大。假使不是班固把这些文章抄补入《汉书》中,这些文章就可能已经失传。这是补载文章。也有补载史实的,如卷三十四《韩信传》、卷三十六《楚元王传》、卷三十九《萧何传》、卷五十

五《卫青传》、卷五十八《公孙弘传》,皆较《史记》补载了史实。

并,是把《史记》有的篇章,并两篇为一篇,或改一篇为另一篇。如并《史记》的《礼书》《乐书》为《礼乐志》,并《律书》《历书》为《律历志》,这是并两篇为一篇。又如改《史记》的《天官书》为《天文志》,《封禅书》为《郊祀志》,《河渠志》为《沟洫志》,《平准书》为《食货志》,这是改一篇为另一篇。两者都取材《史记》,《汉书》只不过是拾遗补缺,并篇改目而已。

添,是在《史记》篇目和材料之外,新添篇目。如《刑法志》《五行志》《地理志》《艺文志》,都是《史记》所无而《汉书》新添的。又,《汉书》有《古今人表》,也是《史记》所无,而《汉书》新添的。

下面再说班固在《汉书》里武帝以后史料来源的情况。

首先是采用其父班彪的后传六十五篇。《后汉书》卷七《班彪列传上》曰:

> 彪乃继采前史遗事,傍贯异闻,作后传数十篇。

这里所说的"数十篇"到底是多少篇?《史通·正史篇》曰:

> 彪作后传六十五篇。

由此可以证明是六十五篇。这后传六十五篇,是班固撰《汉书》武帝以后部分的主要史料来源,现在我们还可以从《汉书》的《元帝纪》赞和《成帝纪》赞中分析出班固采用了其父此书的情况。《元帝纪》(《汉书》卷九)赞有云:

> 臣外祖兄弟为元帝侍中。

应劭注:

> 《元·成帝纪》皆班固父彪所作。"臣",则彪自说也。

> "外祖",金敞也。

《成帝纪》(《汉书》卷十)赞有云:

> 臣之姑充后宫为婕妤。

晋灼注:

> 班彪之姑也。

这就证明这些赞语完全引自其父彪。并据应劭所云"《元·成帝纪》皆班固父彪所作",则这两篇,班固不但史料采自其父书,且全文皆录自其父文。其他像《韦贤传》《翟方进传》《元后传》的赞语,都有"司徒掾班彪曰",更足以证明是班固录其父书原文。

其次,是广采各家所续《史记》。司马迁《史记》只写到汉武帝止。司马迁以后,班氏父子以前,曾有许多人"缀集时事",踵迹《史记》。《后汉书·班彪列传上》云:

> 武帝时,司马迁著《史记》,自太初以后,阙而不录。后好事者颇或缀集时事,然多鄙俗,不足以踵继其书。

章怀太子注:

> 好事者,谓扬雄、刘歆、阳城衡、褚少孙、史孝山之徒也。

又《史通·正史篇》云:

> 《史记》所书,年止汉武,太初以后,阙而不录。其后刘向、向子歆,及诸好事者若冯商、卫衡、扬雄、史岑、梁审、肆仁、晋冯、段肃、金丹、冯衍、韦融、肖奋、刘恂等相次续撰,迄于哀、平间,犹名《史记》。

这些好事者的书,他们缀集的时事,搜集的资料,虽"多鄙俗",

但班固在撰《汉书》时,当然是见到而采入了的。总之,凡《汉书·艺文志》所载关于汉朝的书,班固都采用了,如《五行志》采董仲舒、刘向、刘歆五行之说,《艺文志》采刘歆《七略》。

由于班固父子是东汉时人,距西汉时间很近,史料充实而可靠,也因此史料价值至贵。像《王莽传》这样详尽完整,即其明证。又《汉书》为断代史,开中国断代史的创例,故其在史学上的地位极高。

《汉书》的优点是文赡事详。范晔在《后汉书》卷四〇《班彪列传下》"论曰"里就这样说过:

> 议者咸称二子有良史之才,迁文直而事核,固文赡而事详。若固之叙事,不激诡,不抑抗,赡而不秽,详而有体,使读之者亹亹而不厌,信哉其能成名也。

《汉书》的文赡事详,表现在一些列传中,抄载了一些旧文和史料,如本节所述"增补并添"中的"补",就是《汉书》的最大优点。同样,食货、地理两志,采用大量的材料,于研究西汉历史极为有利。特别是《地理志》,对土壤、物产、户口、风俗各方面都有记载,较之后来史家之于地理仅论州县,要好得多。这些都是《汉书》的优点。

《汉书》的缺点,一是创《五行志》,开后世五行、符瑞等志的恶例;二是不多载反对王莽而不仕王莽的人。王莽篡汉后的改制,有很多是不得人心而更加深了对人民的剥削和压榨。反对王莽而不仕的人,在当时应是较为正直的人,应该载之书,以教育后人。班固不载,固见其对王莽政权的倾向,亦见其历史观的一斑。

三、编著体例和方法

《汉书》的体例,因《史记》之旧,仍分本纪、表、列传,但去世家,并改《史记》的"书"为"志"。因《汉书》本身已名"书",若其内容又有"书"一名,岂不重出?故改"书"为"志"。而《汉书》较《史记》添创了食货、刑法、地理、五行、艺文等志。《汉书》之所以无《史记》中之"世家"一体,是因汉为统一帝国,诸侯无国别,故不立"世家",诸侯王皆入列传。又《汉书》创《艺文志》,为后世目录学之始;创《百官公卿表》为后世"百官志"、"宰辅表"之始。又创《古今人表》,补《史记》之不足,甚有价值。《古今人表》不以地位论高低,而以人品分等第,亦足以反映那个时代的思想动向,实是有价值的史料。

总计《汉书》帝纪十二、表八、志十、列传七十,凡一百卷。因其中有篇幅太长的,分为上下卷;有的长至分为上中下三卷,卷九九《王莽传》就是这样;有的甚至分为上、中之上、中之下、下之上、下之下五卷,卷二七《五行志》即是如此。故《汉书》又有一一五卷或一二〇卷之说。因此,《隋书·经籍志》《旧唐书·经籍志》《新唐书·艺文志》皆云《汉书》一一五卷,是分上下卷计算;唐颜师古注本即今本云《汉书》一二〇卷,是分上中下卷计算;宋晁公武《郡斋读书志》和陈振孙《直斋书录解题》云《汉书》一一〇卷,是各以一卷计算。因分卷不同,故说各有差。

四、参考要籍

《汉书》的注本最多,因为《汉书》的文字比《史记》更精练、更艰深。而且《汉书》中保存了很多古代语言文字和名物制度,后人读起来更难懂。非有相当文字学素养,不得入门。因而诸家作注,以利后人研读。颜师古作《汉书注》,基本上解决了文字问题。颜师古是文字音韵学家颜之推之孙,家学渊源,故其《汉书注》最古最备。研究《汉书》首须详读此注。

本来唐以前注解《汉书》的有二十三家,但都不传。颜师古博采服虔、应劭、晋灼、臣瓒、蔡谟等五家名注,去短取长,折中润色。先引前人旧注,评征博引,再断以己意,肯定自非。或有新见,自己重新注解。有云颜师古是《汉书》一大功臣,诚非虚言。

到北宋时,《汉书》由卷子本改成木刻本,三刘作刊误,宋祁作校语。今殿本有三刘刊误及宋祁校语。三刘,即刘敞、刘攽、刘奉世。敞与攽为兄弟,奉世为敞之子。

清儒研究《汉书》最勤,有钱大昕《汉书考异》、钱大昭《汉书辨疑》、沈钦韩《汉书疏证》、周寿昌《汉书注校补》、梁玉绳《古今人表考》等,多不胜举。

清末王先谦作《汉书补注》一二〇卷,以汲古阁本作底本,汇集清代学者考订《汉书》成果,搜集无遗,排比成书,其功匪浅,今天读《汉书》的注解,当以此书为最佳。王氏之所以称补注,乃以颜师古《汉书注》而补注的意思。又近人杨树达《汉书补注补正》,订伪纠谬,发悟甚多,亦可供参考。

五、版本介绍

现存《汉书》最早最古的刻本,要算是北宋景祐本。现在的百衲本,就是采的此种本子。而最通用的本子,则是颜师古注一二〇卷本。而比较好的本子,要算是王先谦《汉书补注》一〇〇卷本(光绪二十六年刊,民国五年上海石印)。此外,尚有颜注及三刘刊误和宋祁校语的殿本,又有无宋祁校语的监本,但都不及北宋景祐本的古和王先谦的佳。

一九六二年,中华书局出有《汉书》点校本,是采用王先谦的《汉书补注》作底本,再参照北宋景祐本、明汲古阁本、清武英殿本及金陵书局本而成。其优点是做了比较成功的校刊,校正了《汉书》的许多误衍讹夺。特别是用了他校的方法,"不主一体,择善而从",吸取了各家的考订成果,用功至深。其缺点是,只收了颜注,未收王先谦的补注。其实,王先谦的补注,有好些是远胜于颜师古的原注的,应该收入。即使"为了简明便于阅读",也不妨有选择地把王氏补注超过颜氏原注而价值特别大、成果显著的收入插进去。

六、用途和阅读方法

《汉书》的用途,主要在研究西汉断代史事。因为班固父子生时距西汉很近,因而《汉书》的史料充实可靠。研究西汉的历史,这要称是最有用途的书了。

阅读的方法,必先打通文字关。因为前面已经说过,《汉书》比《史记》更艰深,保存了很多古语言文字和名物制度,读起来很难懂。而要打通文字关,唯一的办法是译读颜师古的注。前面也已经说过,颜师古作《汉书注》,基本上解决了文字问题。一定要在读《汉书》的同时,一字一句地详细地读颜注。另外,适当地先学些文字学的知识,例如读点乾嘉学派高邮王氏父子王念孙、王引之的有关文字学的书如《经义述闻》《经传释词》,对研读《汉书》是有帮助的。读完了颜师古的注,再参读王先谦的《补注》,吸取王先谦的有益的超过颜师古的成果,两两对照,排比分析,最为有益。最后,再参读杨树达的《汉书补注补正》,发悟启智,集其大成。

同时,在读《汉书》的时候,也宜对照《史记》阅读。因为《史记》与《汉书》互相印证之处极多,对照研读,可以互相发挥。

第三章 后汉书

一、作者生平及撰述过程

范晔,字蔚宗,刘宋时顺阳(今河南淅川县)人。生于晋安帝隆安二年(公元三九八年),被杀于宋文帝元嘉二十二年(公元四四五年),年四十八。

范晔之被杀,是以谋反定的罪。因当时宋文帝与其弟义康争位,而范晔为义康旧属,曾任义康参军,累迁至尚书吏部郎,徐湛之告发范晔与孔熙先谋立义康为帝,因以谋反见杀。王鸣盛在其所著《十七史商榷》、陈澧在其《东塾集·申范篇》中,曾为之辩护。

关于范晔事迹,详见《宋书》卷六九本传及《南史》卷三三附其父泰传。

范晔撰《后汉书》,仅成本纪十卷、列传八十卷,志未成。到梁代刘昭取晋司马彪《续汉书》八志三十卷补入,始合成《后汉书》一二〇卷。因此,《后汉书》的作者,不能仅说是范晔。应说纪、传是范晔,志是司马彪。殿本《后汉书》纪、传提名"范晔撰"是对的;但志题名"刘昭补并注",欠妥。志应题名"司马彪撰,刘昭注",方是。新出版中华书局《后汉书》点校本,志题名"司马彪撰",甚是。

司马彪，字绍统，晋高阳王睦的长子。他虽年少时好色薄行，为其父废继。但笃学专精，博览群书。撰《续汉书》，"起于世祖，终于孝献，编年二百，录世十二，通综上下，旁贯庶事，为纪、志、传凡八十篇"（《晋书》卷八二《司马彪传》）。他还注过《庄子》，著有《九州春秋》等书。关于司马彪的事迹，详见《晋书》卷八十二本传。

司马彪原著《续汉书》是分纪、志、传的，共八十篇，《后汉书》只取了他的"志"三十卷。

二、史料来源和价值

《后汉书》史料的来源，主要是十家后汉书，《宋书》卷六九《范晔传》：

> 义康大怒，左迁晔宣城太守。不得志，乃删众家后汉书为一家之作。

据《隋书·经籍志》著录，十家后汉书是：

刘珍等《东观汉纪》一四三卷。久已散佚。姚之驷掇拾残文得八卷，挂漏甚多。清乾隆间由《永乐大典》辑出，勒为二四卷。

谢承《后汉书》一三〇卷。至马端临作《文献通考·经籍志》时已亡。

薛莹《后汉记》六五卷。本有一〇〇卷，梁时尚有，至唐初修《隋书》时已残缺，今亡。

司马彪《续汉书》八三卷。今存志三十卷。

华峤《后汉书》十七卷。本有九七卷，至唐初修《隋书》时已残缺,今亡。刘知幾对此书评价甚高,以为诸家后汉书,"推其所长,华氏居最"。

谢沈《后汉书》八五卷。本有一二二卷,到修《隋书》时,只有八五卷,今亡。

张莹《后汉南记》四五卷。本有五五卷,隋时已残缺。

袁山松《后汉书》九五卷。本有一〇〇卷,到修《隋书》时已残缺,今亡。

张璠《后汉纪》三十卷。今亡。

袁彦伯《后汉纪》三十卷。今存。

上列十家后汉书,只有袁彦伯《后汉纪》三十卷今存,其他都已亡佚,仅能从类书中零星见到,或有一些不完整的辑本。但范晔修《后汉书》时,上列十家后汉书是都完全存在的,范晔就是利用这些材料而撰成《后汉书》的。《宋书》卷六九《范晔传》云"乃删众家后汉书为一家之作"的"众家后汉书"就是这十家后汉书。

今天十家后汉书,九家已亡,但都已为范氏删繁就简,成为己作,保存了这些材料,因此范晔《后汉书》的史料价值就非常可贵了。特别是有关少数民族史料,尤其宝贵。如东夷、南蛮、西南蛮、西羌、西域、南匈奴、乌桓、鲜卑等六夷八传,评述东汉与边境各族及国内少数民族的关系,这些材料不独是研究东汉对内对外关系历史的重要资料,也是研究我国民族关系史的极其重要的史料,其价值至大。

《后汉书》的优点有三:

一曰搜载文章辞赋,保存了大量史料。如《崔寔传》载其《政论》,《桓谭传》载其《陈时政》一疏,《蔡邕传下》载其《释悔》一篇,《仲长统传》载其《乐志记》及《昌言》中两篇,《王符传》载其《潜夫论》中五篇,《张衡传》载其《客问》一篇、《上疏陈事》一篇、《请禁图谶》一篇。此乃有关政论的文章。还搜集了一些文学作品,如《班固传》载其《两都赋》《五篇诗》《典引篇》,《杜笃传》载其《论都赋》,《刘梁传》载其《辩和同之论》,《边让传》载其《章华赋》。这些从文学上看来,是优美的文章词赋;从史学方面看来,是很有价值的历史资料。

二曰一事不两载。凡一事与数人有关者,见于此则不见于彼。此法《三国志》中屡见,《后汉书》成于《三国志》后,故范氏亦仿此法。如《耿弇传》叙其破张步之功,则步传不复评载;张俭避难投孔褒,其弟融藏之,后事泄,融兄弟二人及其母争当罪,一门争死,最后诏书坐褒,事见融传,则俭传不复载;袁绍尽诛宦官二千余人,少长皆死,事见何进传,则绍传不复载。无怪乎刘知幾说:

范晔之删后汉也,简而且周,疏而不漏,盖云备矣。

三曰议论风生。《后汉书》各卷,多数有论或序,议论宏通,每有独创之见。如《党锢传》之激昂慷慨,笔势生动,不减迁书,而胜孟坚。之所以蔚宗书出,十家后汉书即佚散而不传,一方面是因范氏删繁就简,已尽入己书;另一方面是因蔚宗文笔高超,议论风生,人都乐诵其文,喜抄其书。致在当时印刷术尚未发明以前,人都传抄范氏《后汉书》,而对十家后汉书不复传抄以致散佚。

《后汉书》的缺点有三:

一是贬毁黄巾。黄巾起义,在当时是一件翻天覆地的伟大历史事件,范氏竟无专传。陈胜、吴广起义,史迁大书特书,为之立世家。黄巾起义,蔚宗不立专传。一褒一贬,足见两人之不同史学观,亦见《史记》《后汉书》之高下。非但不立专传以见其贬,且于别传中出言以寄其毁。如在《皇甫嵩朱隽列传》赞中曰"黄妖冲发,嵩乃奋钺"。又如在《刘陶传》中曰"张角伪托大道,妖惑小民"。足见其对黄巾毁谩之一斑。

二是论赞繁复,《后汉书》既有论又有赞,《史通·论赞篇》讥其繁复,确有道理。

三、编著体例和方法

《后汉书》的体例,分本纪、列传、志,而无表,并且志也是取司马彪《续汉书》的八表补入的。而司马彪的八志,只有律历、仪礼、祭祀、天文、五行、郡国、百官、舆服诸志,而无食货志。因此,《后汉书》无食货志,是很大的缺陷。

《后汉书》改"外戚传"为"皇后纪",这是在体例上对《史记》《汉书》的一个改变。《史记》除吕后入本纪外,其他皇后都入外戚传,《汉书》因仍不改,《后汉书》改之。

《后汉书》列传中新增党锢、宦者、文苑、独行、方术、逸民、列女等类传,采用类叙法。这是《后汉书》体例的一个特点。类叙法在史记中虽亦有之,但未如范书之显著。所谓类叙法,是以类相从而立合传。有以人品相同而合为一传者,如卷六一郭伋汉初人与贾琮汉末人同传,以其治行昭著,人品相同。有以同为学问名家而合为一传者,如卷六五张统汉初人与郑玄汉末人同传,以其深于经学,同为名家。其他如卷七九王充、仲长统皆以恬于荣利而同传,卷八七刘陶、李云皆以明于法律、决狱平允而同传,卷七八杨终、应奉皆以文学而同传,都是以类相从而合立传者。

《后汉书》在列传中新增列女一传,这是纪传体中第一次出现,显示了对妇女历史地位的提高。范晔在这方面是有创见的,他在传序里说:"但搜次才行尤高秀者,不必专任一操而已。"这在体例方面是一个新的创举。

总计《后汉书》帝纪十卷、列传八十卷、志三十卷,合一百二十卷。这里特别要注意把志三十卷和范书分开,不然容易误把志也当作是范晔著的,而志实际上是司马彪著的。宋洪迈《容斋随笔》就有此误,清代学者也有此误的,现在的人有此误者恐就多了。

四、参考要籍

范氏撰《后汉书》无表,读起来很不方便,南宋熊方撰《补后汉书年表》十卷,是读《后汉书》的最佳参考书。此书分《同姓诸侯王表》一卷、《异姓诸侯表》六卷,取材范书;《百官表》二卷,兼采彪志。条贯参稽,至为精密。清钱大昭改造熊书,而成《后汉书年表》八卷,亦甚可读。

《后汉书》的注,最早的要推唐李贤《后汉书注》和梁刘昭《续后汉书志注》两种。李注的是纪传部分,刘注的是志部分。本来刘昭是全注范氏《后汉书》的纪传及彪《续汉书》的志的,后因李贤注范史,刘注遂废。唯志三十卷,李贤以非范氏书未注,因而刘昭对彪志的注得以留传下来。

清人对《后汉书》作注是用功夫的,以惠栋《后汉书补注》二十四卷最善。其后王先谦以惠书为本,加引诸家考证,作《后汉书集解》一二〇卷,最便学者。但王氏成此书时,年已八十有余,多由门生弟子助修,自己心得不多,较之先出的《汉书补注》,逊色多矣。

五、版本介绍

范晔《后汉书》与司马彪《续汉书》八志三十卷合刻,始于北宋。陈振孙《直斋书录解题》曰:

> 昭所注志,与范书纪传别为一书。其后纪传孤行,而志不显。至本朝北宋乾兴元年,判国子监孙奭始奏以补全史之阙。

由此可知两书合刻版本,实始于北宋真宗时期。

现存《后汉书》版本,以宋绍兴刊本为最早最善,百衲本就是采用的这个本子。

现存《后汉书》各本排列次序不同,因其纪传与志原是分属二人的,往往错置相差三十卷之多。殿本把志插入纪与传之中,不妥。百衲本及金陵书局本则以志附于纪传后,较妥。今本中华书局《后汉书》点校本,也是把志附于纪传之后,正是。

一九六五年,中华书局出有《后汉书》点校本,是采用商务影印绍兴本作为底本,再以汲古阁本和武英殿本对校,并吸取了前人的研究成果,如刘攽《东汉书刊误》、王先谦《后汉书集解》、黄山《校补》以及张森楷《后汉书》校刊记的若干意见。这是较为完善的了。所采用的底本是绍兴本。绍兴本是现存《后汉书》的最早和最善的本子,其所采用的底本是甚得其书的。特别好的,是这个点校本,重编了新目,改正了《后汉书》各本目录不一致、前后错置的缺陷。

六、用途和阅读方法

本书的用途,主要在研究东汉断代史。其次,因其有关少数民族史料特别可贵,因此本书的用途,又是研究东汉时期对内对外关系以及研究我国民族关系史的极其重要的史料。

阅读方法,宜以《三国志》及《后汉纪》对照读。因《三国志》先《后汉书》而成,范晔叙述后汉末年事,多据《三国志》,两书对照阅读,可以互证。《后汉纪》也先《后汉书》而成,并且其材料系根据诸家后汉书整理而来,最为可靠,两书对读,可以互校。

由于《后汉书》各本排列次序不同,已如上述"版本介绍"中言及,因此在引用时,必须标明本纪某卷、列传某卷、司马彪《续汉书》志某卷,分别称之,不可以全书总卷数为计。

第四章 三国志

一、作者生平及撰述过程

陈寿,字承祚,西晋时巴西安汉(今四川南充县)人。生于蜀后主建兴十一年(公元二三三年),卒于晋惠帝元康七年(公元二九七年),年六十五。

蜀亡于公元二六三年,当时陈寿已三十一岁了。陈寿一生,前半生在蜀汉,后半生在西晋,而一般都认其为西晋人。入晋后,张华荐之为著作郎,《三国志》即撰于此时。后张华又将举寿为中书郎,遭荀勖忌,出为长广太守。其事迹详见《晋书》卷八十二本传。

时人深称陈寿善叙事,长于编辑,有良史之才。当时本来已有韦昭著《吴书》二十五卷,王沈著《魏志》四十八卷。夏侯湛著《魏书》,见陈寿所著《三国志》出,便把自己的书毁了,可见陈寿史才之高及其所著《三国志》的优越了。

二、史料来源和价值

陈寿撰《三国志》,距离三国时间太近,史料未能搜集完备。一般后代修前代史,以距时一百年左右为宜。过远则时间太久,史料散失，搜集不易。过近则恩怨未清，史料尚未全出，搜集难以全备。特别是若时间太逼近，近得其人或其子孙尚健在时，更是根本无法搜罗信史而持论平正。而陈寿死后五年，陈留王曹奂始逝。况且陈寿身为晋人，服晋官，而晋受魏禅，若评论曹魏，无异间接评论西晋。在这种情况下，焉能史料搜集全备而评论不讳！更何况蜀本不设史官，史料搜集更难，致蜀志仅得十五卷，分量最少。因此种种原因，陈寿撰《三国志》时，史料最乏。

陈氏修史时，可能吴、魏史料多于蜀。如韦昭《吴书》二十五卷，王沈《魏书》四十八卷及裴松之注所引一百五十余种史料，有的陈寿已经见到而利用了，有的恐未见到。大抵《三国志》的史料来源，不外就是这些。

《三国志》的优点，是文章精美，事不重复。凡见于《魏书》者，吴、蜀不重出。凡见于吴蜀者，魏不重出。裁制得宜，事不重复。并同一志中，亦是事不重复，前后贯串。因此，全书前后矛盾很少。

《三国志》的缺点，一是无"志"和"表"，二是叙事过简。"志"和"表"是纪传体中的重要内容。表尚次之，志实不可少，而《三国志》中未有，实是一大缺陷。叙事过简，幸有后来裴松之作注，得补其缺。

三、编著体例和方法

《三国志》的体例，以魏为正统。原本《魏书》有本纪、列传，而《吴书》《蜀书》只有列传而无本纪，这就明显表示出以魏为正统。

陈寿之以魏为正统，是因其当时自身之处境而不得不如此。

因晋受魏禅,如直接不认魏为正统,就是间接不认晋为正统。而陈寿身为晋人,又服晋官,不认晋为正统,是不能容许的。

陈寿以魏为正统,实际上是为晋争正统,是明显地为当时的政治服务。其后,东晋习凿齿作《汉晋春秋》,以东晋偏安,地位似蜀,因以晋接汉,故用蜀为正统。司马光作《资治通鉴》,强调大一统,而当时北宋又是居中原而非偏安,固又用魏纪年,以魏为正统。朱熹作《通鉴纲目》,则以南宋偏安,地位又似蜀,因又以蜀为正统。他们的或以魏正统,或以蜀为正统,都是为本朝争正统、争地位,为当的时政治服务。

《三国志》以魏为正统,不但在陈寿时是如此,在唐初和北宋时也还是如此。《隋书·经籍志·正史类叙》有曰:

> 三国鼎峙,魏氏及吴,并有史官。晋时,巴西陈寿删集三国之事,唯魏帝为纪,其功臣及吴蜀之主,并皆为传,仍各依其国,部类相从,谓之《三国志》。

这就说明唐初《三国志》的本子,仍是唯"魏帝为纪",仍是以魏为正统。又晁公武《郡斋读书志》有曰:

> 魏四纪、二十六列传,蜀十五列传,吴二十列传。

可见北宋时《三国志》的本子,仍是以魏为正统而有"魏四纪"。今本《三国志》不见《魏纪》,大概是南宋以后,用朱熹以蜀为正统的观念而删改的。

总计《三国志》有《魏书》三十卷、《蜀书》十五卷、《吴书》二十卷,共六五卷,而无"志"及"表"。

四、参考要籍

　　裴松之注《三国志》，比正文多出几倍，对原书大大增广旧闻，补证遗佚，补救了原书叙事过简，甚或史实疏略的缺陷。其史料价值，不亚于《三国志》原书，有的甚至比原书更重要，因此读《三国志》，必读裴注。裴注是读《三国志》的最重要参考资料。

　　裴松之注《三国志》，是奉宋文帝命而作，《宋书》卷六四本传有曰：

> 上使注陈寿《三国志》，松之鸠集传记，增广异闻，既成奏上。上善之，曰："此为不朽矣！"

因是秉承帝命而作，可得全览官家藏书，得收集三国史料凡一百五十余种，比陈寿所见到的多得多。以故裴注史料较原书更丰，价值更高。特别是这些原始材料十之八九今已散佚，幸而保留一部分在裴注中，其史料较之更为可贵。

　　一般注史，多属考订制度，诠释地名，训诂文字，而裴注不专务此，主要在补充史料，订讹补阙。《四库全书总目提要》云其作用有六：

> 一曰引诸家之论，以辨是非；二曰参诸书之说，以核讹异；三曰传所有之事，详其委曲；四曰传所无之事，补其阙佚；五曰传所有之人，详其生平；六曰传所无之人，附以同类。

审观全注，确是如此。

　　《三国志》的三志中，《蜀志》材料最少，叙述较晚，仅有十五卷，对蜀史必须参究晋常璩的《华阳国志》十二卷。《华阳国志》是读《三国志》特别是读《蜀志》的重要参考资料。

《三国志》无"志"和"表"，后人补作者甚多。补"志"的有洪亮吉的《补三国疆域志》，陶元珍的《补三国食货志》，钱大昭、侯康都补有《三国艺文志》。补"表"的有洪饴孙的《三国职官表》、黄大华的《三国三公宰辅表》、陶明泰的《三国世系表》。这些书对研究《三国志》都有帮助。

清代学者研究《三国志》的颇不乏人，赵一清有《三国志补注》六十五卷，钱大昭有《三国志辨疑》三卷，钱仪吉有《三国志证闻》三卷。其中以赵一清的《三国志补注》较详。

五、版本介绍

《三国志》的最早刻本，是北宋咸平本，后来绍兴、绍熙又有重刻本。魏、蜀、吴三书，本是各自为书的，到北宋雕板，始合为一，改称《三国志》。

明万历有大字注本，注文与本文字形大小相同，唯低一格，甚佳。清同治间，金陵书局聚珍版印大字《三国志》，也注文和正文字体一样大，唯低一格，最便阅读。

中华书局于一九五九年出版《三国志》点校本，系用百衲本、武英殿本、金陵本、江南本四种本子，互相校勘，择长而从。其所选底本是很好的，这四种本子是现今最通行的最好的《三国志》刻本。特别是百衲本，是据采绍兴、绍熙两种重刻本配合影印而成。是现存最早最好的刻本，咸平本已不可得。同时还采入了清代学者顾炎武、何焯等二十余家对《三国志》的研究成果，做进一步整理，用功甚巨，为当今最好的版本。

六、用途和阅读方法

　　本书的用途,除了是研究三国断代史的重要历史材料外,更有一特殊用途,可为搜集佚书的渊薮。因为《三国志》裴注中,引用了三国史料凡一百五十余种,而这些书大部分已亡佚,幸而在裴注中保留了一部分材料,我们今天还能从这些材料中了解这些书的大概,可以找出辑佚的门路。

　　读《三国志》,必须读裴注。不读裴注,无以窥其全豹,更无法订讹补阙。《蜀志》简略,阅读时更宜参研《华阳国志》,互相证发。本书无志,可参阅《宋书》八志。

第五章 晋 书

一、编纂人员及撰述过程

《晋书》是官修,非私人所撰。《晋书》作者非一人,成于众手。主其事者为房玄龄。参与撰编者有令狐德棻等二十一人,而以德棻为主。

《晋书》作者虽署名房玄龄,实际上房玄龄不过以宰相而领导修书,若监修然,并未参与实际编撰工作。历史上官修的史书,大多以监修署名,而监修都是大官,大多是宰相,实际上是很少负责的。

《晋书》的实际编撰负责人是令狐德棻,《旧唐书》卷七三《令狐德棻传》有云:

> (贞观)十八年,起为雅州刺史,以公事免。寻有诏改撰《晋书》,房玄龄奏德棻令预修撰。当时同修一十八人,并推德棻为首,其体制多取决焉。

所谓"推德棻为首",就是以德棻为主要负责人,为主编。

当时同修的,不止一十八人,应是二十一人,在《新唐书·艺文志》的《晋书》下,列有如下二十一位作者名单:

房玄龄、褚遂良、许敬宗、来济、陆元仕、刘子翼、令狐德芬、李义府、薛元超、上官仪、崔行功、李淳风、辛丘驭、刘引之、阳仁卿、李延寿、张文恭、敬播、李安期、李怀俨、赵弘智等。

因此,严格地说,《晋书》的编撰者,是这二十一人,而令狐德棻是主要撰编人,房玄龄只不过是一位挂名的监修。《晋书》不应提名"房玄龄等撰",而应提名"令狐德棻等撰"。

也有在《晋书》上提"唐太宗文皇帝御撰"的,那是更无道理了。可能是因书中有唐太宗撰的四论,即《宣帝纪》《武帝纪》《陆机传》《王羲之传》后的四篇《后论》。其他每篇发议论都用"史臣曰",唯此四篇用"制曰",表明是太宗御撰。因为有此四篇御撰《后论》,故有径题"唐太宗文皇帝御撰"的。其实,唐太宗李世民之于《晋书》,最多不过是"贞观十八年,诏改撰《晋书》",下了一道命令,发了一个号令罢了,怎么可题上其御撰!

《晋书》按朝代先后,在二十四史中,应在《三国志》后,序列第五。但以成书时代计算,则《晋书》成于唐初,远在《宋书》《南齐书》《魏书》之后。

《晋书》成书时间特别快,只花了两年时间,从贞观十八年(公元六四四年)开始,至贞观二十年(公元六四六年)即修成。其所以成书如此快,因是官修,人才多,条件好。

《晋书》开中国官修史书之先河。虽在贞观十年,官修《隋书》纪传已开官修史书先例,但官修成的第一部史书还是《晋书》。自《晋书》官修后,沿此成规,几乎所有史书皆是官修。可以说,这也是中国史学上的一个转折点,即由私人修史到官修史的一个转折点。

二、史料来源和价值

《晋书》主要以臧荣绪《晋书》为底本,兼采诸家。所谓诸家,是十八家晋书。据《旧唐书·经籍志》所载,这十八家晋书中,可分纪传、编年两类。属于纪传体的有:

    王隐《晋书》,八十九卷。
    虞预《晋书》,五十八卷。

以上两书止于西晋。

    何法盛《晋中兴书》,八十卷。止于东晋初。
    朱凤《晋书》,十四卷。
    谢灵运《晋书》,三十五卷。
    肖子云《晋书》,九卷。
    臧荣绪《晋书》,一百一十卷。包括东西晋。
    许敬宗《晋书》,一百三十卷。

属于编年体的有:

    干宝《晋纪》,二十二卷。自宣帝至愍帝五十三年。
    习凿齿《汉晋春秋》,五十四卷。自汉光武至晋愍帝。
    邓粲《晋纪》,十一卷。东晋元帝、明帝。
    刘谦《晋纪》,二十卷。
    曹嘉之《晋纪》,十卷。
    徐广《晋记》,四十五卷。
    檀道鸾《晋阳秋》,二十卷。
    王韶之《崇安纪》,十卷。晋安帝。

此外,尚有谢沈的《晋书》和沈约的《晋书》,在唐修《晋书》时已亡佚。总上共十八家晋书。

这十八家晋书，在唐修成《晋书》以后，渐不为人重视，遂致湮没。尤可惜者，臧荣绪《晋书》括有东西两晋，史事比较完整，亦散亡失传。

《晋书》在唐初新修成时，本标名"新晋书"，以别于诸家晋书。到后来，诸家晋书俱废，唯此独存，这"新"字也就无形取消而名《晋书》了。

《晋书》的史料来源，除此十八家晋书外，尚有崔鸿《十六国春秋》一百二十卷，肖方等《三十国春秋》三十卷，亦是重要所据（《载记》三十卷，主要是依据《十六国春秋》）。此二书，至北宋司马光修《通鉴》时始不载。汤球辑有《十六国春秋》百卷，材料可靠，但非足本。

此外，《晋书》所据史料，尚有诸家诗文、杂记、小说。如刘义庆的《世说新语》和《幽明录》、干宝的《搜神记》，多载晋人故事，《晋书》大量采入，亦足以见其搜集史料之广泛，但亦不免语涉神怪，择言不雅。

《晋书》的史料价值，以《载记》为最可贵。《载记》是以《十六国春秋》为主要资料，再参以唐初流行的范亨《燕书》、裴景仁《秦记》、张咨《凉记》等书而成，为今日研究十六国史事的唯一资料。

《晋书》的优点，是列传中附载文章，保存了有价值的史料，如：

卷三十五《裴秀传》载有《禹贡地域图序》。

卷三十五《裴頠传》载有《崇有论》。

卷四十五《刘毅传》载有《论九品八损》。

卷五十一《挚虞传》载有《今尺长于古尺论》。

卷五十四《陆机传》载有《辨亡论》。

卷五十六《江统传》载有《徙戎论》。

卷七十二《郭璞传》载有《刑狱疏》。

这些列传中附载的文章，对研究晋代社会政治情况，很有价值。其次，把杂记、小说也采入《晋书》史中，虽前人以好采谬碎稗史见讥而为《晋书》病，其实，这应该看作是《晋书》的优点，因为这正见其搜集材料之广泛，反映了社会的各个方面。

《晋书》的缺点，往往一事多见。这较之《后汉书》之一事不两载与《三国志》之事不重复者，逊色多矣。在论赞中，既有论，又有赞，实嫌赘累。《晋书》系官修，忌讳特别多。文体四六，骈俪相尚，取材芜冗，词藻虚华，较之《后汉书》之文章简而周与《三国志》之文章精而美者，又逊色多矣。至若九品中正，乃晋代大事，竟不提及；佛教在晋，普遍盛行，亦未评说，更是最大缺陷。

三、编著体例和版本

《晋书》的体例，分帝纪十卷、志二十卷、列传七十卷、载记三十卷，共一百三十卷。

《载记》这一体例，是《晋书》的特点。二十四史中，《晋书》开《载记》之始。"载记"这一名称，最早见于姚之骃所辑《东观汉纪》中，如新市、平林、公孙述等反对王莽者，记入《载记》。《晋书》仿其法，于僭伪诸国，数代相传者，不曰"世家"，而曰"载记"，用以记十六国事。因十六国不受晋封，自称国号，不可以侯国列，不能援前史以"世家"许之；但亦不是外国，又不可以援《宋书》例，以"索虏"传称之。只好援《东观汉纪》例，以"载记"

称之。

《晋书》于司马炎武帝纪之前,作司马懿宣帝纪、司马师景帝纪、司马昭文帝纪。此三人本无帝号,不足以称帝纪,在陈寿《三国志》中,连传都未立。三司马无帝号而立帝纪,这又是《晋书》体例的变体。

《晋书》的版本,最早的要称宋本,百衲本即采此本。又有元二十二字本,明南北监本,亦较善。

一九七四年,中华书局出有《晋书》点校本,是以金陵本为工作本,再与宋本(百衲本)及清武英殿本互校,并参考了元二十二字本、明南北监本。其书优点是参考前人成果,校正了有关部分。《晋书》官修,忌讳特别多,此次中华书局点校本,特别注意了这个问题,如将书中唐人避讳天干"丙"字为"景"字,一律改回。又重编了全书总目,便于检阅。并且将唐何超撰的《晋书音义》三卷附于书后,对读《晋书》甚有参考价值。

四、参考要籍和阅读方法

后人对《晋书》改编的很多。如明茅国缙将《晋书》删为四十卷,把其"志"的部分全部删去,名曰《晋书删》。其所删偏重在文章,不足以言史学。又明蒋之翘《删补晋书》一百三十卷,亦无甚可取。

清人治《晋书》者甚多。周济撰《晋略》六十卷,事增文首,较佳。吴士鉴作《晋书斠注》一百三十卷,最完备,凡前人考注所及,有关《晋书》资料,都搜录无遗,十八家旧史亦多从类书中引入,用力至深。唯校勘不精,凡前人未能考订者,彼亦未能加以勘校,并所注亦谬误甚多。其他对《晋书》校勘有成绩者,要推毕沅《晋书地理志新补》五卷、周家禄《晋书校勘记》五卷、劳格《晋书校勘记》三卷。

阅读《晋书》时,宜取周济《晋略》对看,可相互证发。又可取蒋之翘《删补晋书》比对,亦殊有益。因蒋书与《晋书》卷数相同,阙者补之,繁者删之,不明者解之,对比阅读,可以印证。又读《晋书》诸志,可与《宋书》诸志对照,因《晋书》诸志多采自《宋书》,有的大致自《宋书》志中删移而来。

第六章 宋 书

一、作者生平及撰述过程

沈约,字休文,吴兴武康(今浙江德清县)人。生于宋文帝元嘉十七年(公元四四○年),卒于梁武帝天监十二年(公元五一三年),年七十三。

沈约生于刘宋时代,历仕三朝,在宋为尚书度支郎,在齐作五兵尚书、国子祭酒,在梁封为建昌侯,官至尚书左仆射。其所撰《宋书》是在齐永明年间完成的,但后人因沈约做官,终仕于梁代,便据以标题"梁沈约撰",其实应该是"齐沈约撰"。

《宋书》的撰述,并非沈约一人,而是有何承天、山谦之、苏宝生、徐爰开其先。沈约在《自叙·上宋书表》中说:

> 宋故著作郎何承天始撰《宋书》,草立纪传,止于武帝功臣,篇牍未广。其所撰志,唯《天文》《律历》,自此外,悉委奉朝山谦之。谦之孝建初又被诏撰述,寻值病亡,仍使南台侍御史苏宝生续造诸传,元嘉名臣,皆其所撰。宝生被诛,大明中又命著作郎徐爰踵成前作。爰因何、苏所述,勒为一史,起自义熙之初,讫于大明之末。

由此可知,早在沈约撰《宋书》前,在刘宋时代,就有何承天撰《宋书》纪传,"止于武帝功臣",并撰了天文、律历志,此外悉委山谦之。山谦之死后，又有苏宝生续撰了元嘉名臣诸传。苏宝生被诛，又命徐爰踵成。徐因何、苏所述，勒为一史。特别是徐书，已讫大明之末，则沈约自撰部分，不过自永光至亡国十五年事。沈约在旧有基础上再作撰述，总其大成。因此，《宋书》的作者，严格地讲，应该说是何承天、山谦之、苏宝生、徐爰开其先，沈约总其成。

因为沈约只是在前人已经撰述的旧有基础上，再作撰述，总其大成而已，而其再作撰述的自撰部分又不过是自永光至亡国十五年事，所以成书很快，自齐武帝永明五年（公元四八七年）春奉敕修撰，至明年二月即成，为时不过一年。自古私人修史完成之速，以此为最。

虽然，沈约在《上宋书表》里有云：

> 本纪、列传，缮写已毕，合七帙十卷，臣今谨奏呈。所撰诸志，须成续上。

尽管只写成七帙十卷，并未全书完成，尚有志三十卷，"须成续上"，就是一年之内，便写成本纪、列传七十卷，也是很不容易的事。

沈约又曾撰《晋书》一二〇卷、《晋纪》二十卷，今已佚。有关沈约的事迹，详见《梁书》卷十三本传。

二、史料来源和价值

《宋书》的史料来源，主要是何承天《宋书》和徐爰《国史》六十五卷。

所据何承天《宋书》的史料，主要是天文、律历二志及纪传部分的"止于武帝功臣"而已。而大部分史料则据徐爰《国史》六十五卷。徐书止孝武帝大明八年,已记宋代四十五年之事。而刘宋一代不过五十九年(公元四二〇年——四七八年),则唯永光以后至宋亡国十五年之史为沈自撰,其余都据自徐书。

沈约《宋书》虽大部分据自徐爰《国史》,但断限各有不同。徐书起于晋安帝义熙元年(公元四〇五年),沈书则起于宋武帝永初元年(公元四二〇年),即刘裕即位之年。盖沈约曾撰有《晋书》,宋以前事已入晋,不再赘述,而从刘宋开国,刘裕即位之年起,以续己书。

《宋书》的优点,一是诸志最精,可补前史所未备。二是传有带叙,于一传中带叙多人。

自班固《汉书》改《史记》的"书"为"志"而创立"志"的体例后,《后汉书》采入司马彪《续汉书》的志为志,然后到《三国志》无志;《晋书》专修在唐初,在《宋书》修成后,其志多采自《宋书》的志。因此,三国以来,至于两晋,志的修撰,荡然不备。沈约撰宋志,不仅单记刘宋一代制度,而且上溯曹魏,中括两晋,可补前史之未备。这是《宋书》的最大优点。或以为此与断代为史的体例不合,殊不知其优点正在于此。特别是《宋书》的《律历志》和《乐志》最精。固其《律历志》本于何承天所撰,而何为天文历算专家。沈约为文学家,又娴通律名,故其《乐志》精采。

撰史立传时,往往有一困难。若人各一传,则不胜其传;若不为其立传,而其事又有可传者。《宋书》创带叙法,解决了这个问题。在一人传中,带叙同时有关的人和事。带叙与附传不同。附传多载本传后,附述他人事迹。带叙则是在本传叙述之中,忽插入叙述另一人之事迹。这是《宋书》所独创,是其优点。但若位置摆得不适当,主叙与带叙不如其份,则有喧宾夺主之嫌。

《宋书》最大的缺点是在《符瑞志》。《符瑞志》前史所无，《宋书》所创，宣扬帝王符命，欺惑人心，是史中糟粕。

三、编著体例和用途

《宋书》的体例，分帝纪十卷、志三十卷、列传六十卷，共一百卷，无表。

《宋书》的体例，有所创新。在列传部分，新立"恩幸传"、"索虏传"，为前史所无。

什么叫"恩幸"？即当时所谓"寒人"。南朝重门阀，高门居高位，世代相传。"寒人"即使当上官，为时主信任，亦为高门所不齿。沈约自恃其祖父沈林子、伯祖沈田子以军功起家，为刘宋建有功勋，在其《自叙》中大叙特叙，而以世族自居，因而对"寒人"亦不齿，对于"寒人"之掌权者，更是鄙视而痛恨，因专立《恩幸传》，以示其讥，以泄其愤。故在其传首有云：

> 《汉书》有《恩泽侯表》，又有《佞幸传》，今采其名，列以为《恩幸篇》云。

什么叫"索虏"？"索虏"者，北魏先世名"索头虏"也。昔以此骂其祖，今以此传其事。故所谓《索虏传》，用以记北魏事也。然所载事迹，错误甚多。因当时划江而治，南北对峙，交通梗塞，彼此不通声气。而又不悉北方情况，唯是道听途说而已。甚至有些有意诋毁北朝。后来魏收出使于梁，见得此传，愤然大怒，遂于《魏书》中增立《岛夷传》，毁骂南朝。

《宋书》无刑法、食货二志，但"附之纪传"，在纪传中可以分散见得。故其志序有云：

> 刑法、食货，前说已该。随流派别，附之纪传。

所谓前说，大概是指其前所撰《晋书》。而此书已佚，是否已该，无从得知了。

《宋书》是研究刘宋一代唯一的历史资料。有关刘宋一代的史书，留传至今的，比较完备的，唯此沈著《宋书》。而其用途最广的在志。宋志提供了上溯曹魏及晋代有关典章制度的大量资料。特别其《律历志》和《乐志》，材料既广而精，于研究我国天文历法以及音乐的发展历史，用途更巨。

四、参考要籍和版本

《宋书》无刑法、食货二志，清代郝懿行钩稽《宋书》纪传中有关刑法、食货材料，作补《宋书》刑法、食货二志。刑法从本纪辑出二十四条，从列传辑出三十八条。食货从本纪辑出六十九条，从列传辑出二十二条。二志合共辑出一百五十三条。郝氏所补此二志，于所辑《宋书》纪传材料外，未新添一条材料，故此补志，不能作为材料引用，只可作为索引使用。

在读《宋书》的志时，可与《晋书》的志对比参读。因唐初修《晋书》，《宋书》早已修成，《晋书》的志，是直录《宋书》的志的前半部所载晋之典制而成，对比参阅，可以明其删割配置。

《宋书》最早的版本，要推宋蜀大字本。今之百衲本，就是采用此种本子。但宋蜀大字本亦阙佚甚多，如卷四十六《到彦之传》，《南史》有，而宋蜀大字本《宋书》无。其他一传之中，常有缺字缺页。即今所不缺，亦有杂取他书补入的，而非沈约原书。

中华书局一九七四年印有《宋书》点校本,用三朝本、明北监本、毛氏汲古阁本、清武英殿本、金陵书局本、商务百衲本互校,择善而从。特别是对纪传部分,还通校了《南史》《建康实录》《册府元龟》《资治通鉴》和《资治通鉴考异》等书的有关部分;对志的部分,参考了《晋书》《通典》的有关部分;又利用了钱大昕《廿二史考异》等书的前人的校勘成果。这在今天,当然要算是最好的本子了。

第七章 南齐书

一、作者生平及撰述过程

萧子显，字景阳，南齐兰陵郡兰陵（今江苏常州）人，齐高帝萧道成孙，豫章王萧嶷第八子。生于齐武帝永明七年（公元四八九年），卒于梁武帝大同三年（公元五三七年），年四十九。齐亡入梁，官至吏部尚书，自请朝廷而奉敕修撰《南齐书》。事迹见《梁书》卷三十五本传。

南齐末年，明帝萧鸾杀高帝、武帝子孙殆尽，子显时方八岁，幸免于死。及长，入仕梁，对明帝之所作所为切齿痛恨，乃请敕撰修《南齐书》，极尽曲笔之能事，夸耀其祖先父辈，而揭露萧鸾、东昏侯。是书既是南齐国史，亦是萧氏家史。

据《隋书·经籍志》著录，子显曾著有《后汉书》一百卷、《晋史草》三十卷。又据子显本传记载，还著有《普通北伐记》五卷、《贵俭传》三十卷、文集二十卷，皆亡佚失传。

萧子显《南齐书》，原本无"南"字，而名《齐书》。《梁书·萧子显传》载其"著《齐书》六十卷"，《隋书·经籍志》亦载"《齐书》六十卷，梁吏部尚书萧子显撰"，是知此书原名"齐书"，而并不名"南齐书"。到《新唐书·艺文志》犹载"萧子显《齐书》六十卷"，是知唐时虽已有《北齐书》，而《南齐书》尚仍称《齐书》

而无"南"字。后来加上一个"南"字而名《南齐书》,大概是宋代以后的事,以别于李百药的《北齐书》。

二、史料来源和价值

《南齐书》的史料来源,主要有三:

(甲)江淹《齐史》十二卷。南齐时有史官檀超和江淹。江淹著《齐史》十二卷,《隋书·经籍志》著录"梁有今亡"。

(乙)沈约《齐纪》二十卷。《通鉴考异》曾引《齐纪》以订《南齐书》。《齐纪》今佚不传,但沈约本传里载有著《齐纪》二十卷,而子显虽稍后于沈约,应是见到此书而采入的。

(丙)吴均《齐春秋》三十卷。《隋书·经籍志》著录有此书。因内有不满梁武帝之语,武帝怒而燔之。唐时尚能见此书,今已佚不存。

《南齐书》的史料中,以《顾欢传》载论述宗教之文及《檀超传》载修史条例,最有价值。

梁武帝笃信佛教,顾欢笃信道教。顾认为佛教乃自外入者,道教乃我国固有者,我国人民宜以信奉道教为是。袁粲为文驳之,子良亦抒己见。诸篇皆有有关宗教之文,为研究我国宗教发展史之甚有价值的材料,详载《南齐书》卷五十四高逸传中《顾欢传》。

卷五十二文学传中《檀超传》有超与江淹上国史条例一文,评述修史条例,文虽不长,史料价值甚高。因前此史书中,此类文章不载。其所举条例曰:

律历　礼乐　天文　五行　郊祀
刑法　艺文　朝会　舆服　州郡

其次，若卷五十二《祖冲之传》，详细记载了祖冲之的数学成就，是研究我国科学发展史的有价值史料。

《南齐书》之优点有三：

一曰文字简洁。李延寿撰《南史》，于《宋书》删多增少，于《南齐书》则有增无删，足见《南齐书》之文字简洁。

二曰类叙带叙兼用。类叙法，以类相从而叙，创于范晔《后汉书》。带叙法，一传之中，夹叙他人，创于沈约《宋书》。子显《南齐书》兼而用之，运用甚当，极为得体。

三曰志简而明。《南齐书》的志，采自沈约《宋书》的志而成，其志有八：

礼二卷　乐一卷　天文二卷　州郡二卷

百官一卷　舆服一卷　祥瑞一卷　五行一卷

八志中较《宋书》少律历而多舆服，但简而明。特别是《百官志》，最为简明。读此《百官志》，不独于《南齐书》，即于南北朝史亦可得其概略。

《南齐书》之最大缺点是曲笔回护。前面已经说过，子显以幸免于死之身，入仕于梁，于切齿痛恨齐明帝萧鸾之余，请敕而修《南齐书》，乃极力揭穿萧鸾之丑恶，而尽情夸张萧道成之功德，极护其短。因而为其祖父萧道成作本纪时，极言其长而隐其短。齐夺宋权，不云"篡夺"二字，而曰"顺帝逊位"，极尽回护之能事。又为其父豫章王嶷作传，长达六七千字，备极夸张，而于郁林王昭业和海陵王昭文被杀事，记载毫不掩饰，意在揭露萧鸾之狠恶。又于萧鸾子东昏侯之被废，极写其昏庸荒唐，固以揭萧鸾之丑，亦是幸灾而乐祸。

在阶级社会里，修史的人往往总是站在统治阶级的立场而歪曲历史事实，或为保全自己荣禄和生命而竭力曲笔回护。但极尽曲笔之能事者,莫若于子显《南齐书》。以前朝帝王子孙来修前朝史书者,二十四史中,亦仅有《南齐书》。故《南齐书》与其说是南齐一代国史,毋宁说是萧氏一家家史。统治阶级内部,为了争权夺利,不惜骨肉残杀。这种恩怨重叠,曲笔回护,我们在读史时,不可不懂得,尤其在读《南齐书》时,更要明辨分析。

三、编著体例和方法

《南齐书》的体例,分本纪八卷、志十一卷、列传四十卷,共五十九卷。原书六十卷,今存五十九卷,亡一卷。《隋书·经籍志》著录"《南齐书》六十卷",《史通·正史篇》云"五十九卷"。又《史通·叙例篇》云:

> 沈宋之志序,萧齐之叙录,虽皆以叙为名,其实例也。

由此可知,《南齐书》所亡,乃叙录一卷。

《南齐书》的列传部分,仿《宋书》的《索虏传》而有《魏虏传》。《宋书》的《索虏传》,乃南人记北方事,因感情敌视及传闻失真之故,错误甚多。《南齐书》的《魏虏传》亦情况类似而多谬讹。

《南齐书》无"食货志"。南齐时期,经济制度中的一件大事是整理黄籍,这是一件很重要的大事,而无"食货志"记载。尤其是此时北魏实行均田制,均田制也是中国历史上经济制度中的一件大事,若能南北对照研究,很有价值。而《南齐书》无"食货志",记述材料很少,殊为可惜。

四、版本介绍和阅读方法

现存《南齐书》的最早版本是宋蜀大字本,商务印书馆影印百衲本,即采用此本。各本皆缺《州郡志》下以及《列传》第十六、二十五、三十九各一页,唯百衲本仅缺《列传》二十五、三十九各一页,较各本少缺两页。

中华书局于一九七三年出有《南齐书》点校本,是以商务印书馆影印百衲本作底本,参照明南监本、北监本、汲古阁本和清武英殿本、金陵书局本,并参校了沈约《宋书》的志,以及《南史》《通典》《册府元龟》《太平御览》《资治通鉴》《资治通鉴考异》等书的有关部分,再利用了前人的校勘成果,如钱大昕的《廿二史考异》,周星诒、张元济、张森楷的三种《南齐书校勘记》稿本,又重编了全书总目,甚有便于今天读者。

《南齐书》的《百官志》最简明,最易读。读本书时,宜先读《百官志》。读好了《百官志》,不但读本书,就连读《南北史》都可先得概略,迎刃而解。

第八章 梁书 陈书

一、作者生平及撰述过程

梁、陈二书,标名姚思廉撰,实际上是姚察、姚思廉父子二人撰。

姚察,字伯审,吴兴武康(今浙江德清县)人。梁亡入陈,官至秘书监、领大著作、吏部尚书。陈亡入隋,任秘书丞,开皇九年(公元五八九年)奉命撰梁、陈二史,未成而死。卒于大业二年(公元六〇二年),年七十四。《陈书》卷二十七本传有曰:

> 梁、陈二史之本多是察之所撰,其中序论及纪、传有所阙者,临亡之时,仍以体例诫约其子思廉博访撰续。思廉泣涕奉行。

由此可见,梁、陈二史,本多是姚察所撰,但"有所缺者","诫约其子思廉博访撰续"而已。

姚思廉,字简之,察子。在唐官至著作郎、弘文馆学士,卒于贞观十一年(公元六三七年)。《旧唐书》卷七十三、《新唐书》卷一百零二有传。父卒之后,上表述父遗言,欲继撰梁、陈二史。贞观三年(公元六二九年),受诏与魏徵同撰梁、陈二史。《旧唐书》卷七十三《姚思廉传》有云:

又受诏与秘书监魏徵同撰梁、陈二史。思廉又采谢炅等诸家梁史,续成父书,并推究陈事,删益傅缚顾野王所修旧史,撰成《梁书》五十卷、《陈书》三十卷。

由此可见,姚思廉是"续成父书"而撰成《梁书》和《陈书》。因此,梁、陈二书,实是姚氏父子二人撰。

其所以说梁、陈二书实姚察、姚思廉父子二人撰,更可以从查考此二书"总论"的作者即知:

《梁书》每一卷卷末都有"总论",其署名方法有三:

"陈吏部尚书姚察曰"计二十五篇。

"史臣曰",即属思廉所撰计二十八篇。

"史臣侍中郑国公魏徵曰"计一篇。

由此可知,《梁书》中,姚察撰者有二十五篇,姚思廉撰者有二十八篇,明显看出是其父子二人撰。

再查《陈书》:

"陈吏部尚书姚察曰"计两篇。

"史臣曰",即属思廉所撰计三十三篇。

"史臣侍中郑国公魏徵曰"计一篇。

虽然《陈书》的大部分三十三篇是思廉所撰,察只撰了两篇,仍足以说是父子二人撰。

至于魏徵,梁、陈二书各只撰了一篇。其名曰同撰,实际上不过是挂名监修,秉笔实为姚思廉。《旧唐书》卷七十三《姚思廉传》有云:

魏徵虽裁其总论,其编次笔削,皆思廉之功也。

因此,梁、陈二书的作者,应该说是姚察、姚思廉,监修是魏徵。

梁、陈二书实唐时官修史书中之私撰者。

二、史料来源和价值

《梁书》的史料来源，据《隋书·经籍志》著录，修《梁书》时尚存在的有下列九种：

梁，谢昊《梁书》四十九卷，原为一百卷。

陈，许亨《梁史》五十三卷。

梁，刘璠《梁典》三十卷。

陈，何之元《梁典》三十卷。

陈，阴僧仁《梁撮要》三十卷。

姚察《梁书帝纪》七卷。

周，姚最《梁后略》十卷。

梁，萧韶《梁太清纪》十卷。

萧世怡《淮海乱离志》四卷。

此外，据《隋书·经籍志》著录，尚有梁时文集七十九家及杂史起居注十数种。修《梁书》时史料，可谓极其丰富。

《梁书》的史料，也有些价值很高的，如五十四、五十五两卷所载国家比《宋书》的《四夷传》所载国家多得多。梁武帝信佛，与亚洲西南诸佛教国家往来频繁。这是研究我国与亚洲西南各国关系发展史的极有价值的史料。

《陈书》史料则较缺乏，据《隋书·经籍志》所载，仅有陆琼《陈书》四十二卷。《史通·正史篇》有云：

> 《陈史》初有吴郡顾野王、北地傅绰各为撰史学士，其武、文二帝纪即顾、傅所修。

此顾、傅所修《陈史》，《隋书·经籍志》不载，但两唐书载有顾野王《陈书》三卷、傅缚《陈书》三卷。此书当姚察修史时应能看到，用以作为史料。总的讲来，《陈书》史料较为缺乏，因而《陈书》仅三十六卷，为二十四史中最小的一部。

梁、陈二书的优点，是不为骈文，力矫浮华词藻之习。唐初文体，崇尚骈俪，专务浮华词藻，而姚氏父子在撰梁、陈史时，力矫此弊。赵翼在其所著《廿二史札记》卷九中说："古文自姚察始。"这说明，以文而论，是姚察的功劳；就史来讲，是姚察的优点。

梁、陈二书的缺点，是行文呆板，千篇一律；书美讳恶，远离史实。梁、陈二书，每传皆有规则，叙事有一成例：先叙历官次序，次叙重要史实，末载饰终之诏。千篇一例，如出一辙。此种叙法，其结果必致有美必书，凡恶必讳，是非不辨，远离史实。如梁武帝笃信佛教，甚至舍身同泰寺，为天下笑。姚察亦奉佛。梁代佛教，极其盛行，应该有所记叙。然而，梁、陈二书记佛教事甚少，可能是讳恶之故。又如萧詧引西魏灭梁，建后梁于江陵，为西魏附庸国，事属可耻，应予贬斥，而《梁书》避而不谈，大概又是讳恶之故。以陈后主之荒淫，犹在其本纪赞中为其讳言："后主昔在储宫，早标令德，及南面继业，实允天人之望矣……且梯山航海，朝贡者往往岁至矣。"如此书美讳恶，真是无聊之极！

三、编著体例和版本

《梁书》计本纪六卷、列传五十卷，共五十六卷。《陈书》计本纪六卷、列传三十卷，共三十六卷。《旧唐书》卷七十三《姚思廉传》谓《梁书》五十卷、《陈书》三十卷,《旧唐书·经籍志》也是这样记载的。大约当时只载举列传而言,因本纪非思廉所撰,而系其父或其他前人所作也。

现存梁、陈二书的最早版本要算宋大字本,商务百衲本即采此种本子。中华书局现出的《梁书》《陈书》点校本,是以百衲本为底本,再取明南监本、北监本、汲古阁本和清武英殿本、金陵书局本互校,择善而从,也参考了《南史》《册府元龟》《资治通鉴》和《资治通鉴考异》的有关部分,并吸收了前人的校勘成果,如张森楷、张元济两种校勘记的稿本及钱大昕《廿二史考异》等书,甚有便于学者。《梁书》点校本是一九七三年出版的,《陈书》点校本是一九七二年出版的。

第九章 魏 书

一、作者生平及撰述过程

魏收,字伯起,钜鹿(今河北平乡县)人。生于北魏和帝正始二年(公元五〇五年),卒于北齐后主武平三年(公元五七二年),年六十八。官至尚书右仆射。《魏书》卷一百零四有自序,《北齐书》卷三十七、《北史》卷五十六有传。

魏收是北齐著名文人。在北魏时期,曾参与国史和起居注的编撰工作。魏末,自请修国史,北齐文宣帝天保二年(公元五五一年),受诏编撰魏史。设置修史局,由太保录尚书事高隆之任监修,参加修史的尚有房延祐等六人。但高隆之只不过是挂名监修,实际撰写的只魏收一人。既设置史局,又任命监修,好像《魏书》是官修,实际上却是私撰。《魏书》应该说是魏收一人私修的史书。

因为魏收当时名声不太好,所以时人对其撰修《魏书》非常反感。主要是魏收品行不端,尝买吴婢入侍馆。又狂妄跋扈,自恃高氏三父子——高欢、高澄、高洋之宠,尝狂言曰:"何物小子,敢共魏收作色!举之则使上天,按之当使入地。"人闻之,岂不嫉恨!曾为北朝使臣王昕之副使,随之南至梁朝为使臣,以其才气绝人,娴于词令,出口成文,南朝人无不敬佩。唯其品行不端,南人皆轻其才而卑其行。以是《魏书》成后,物议纷纷,时人称为"秽史"。当时门阀大家的子孙多向朝廷控告,反对魏收的《魏书》。虽有文宣帝高洋和宰相杨愔、高德正的庇护而压制控告者,但也不得不暂命《魏书》"且勿施行"。后来,高演、高湛再次命魏收修改,始成定本,正式施行。史书修撰成书,经历如此风波曲折者,恐亦唯《魏书》是耳。

二、史料来源和价值

《魏书》的史料来源,有下列这些:

邓彦海《代记》十余卷。代者,鲜卑也。因北魏为鲜卑族,都于代,固讳鲜卑人而曰代人。

崔浩、李彪等《国史》。

邢峦、崔鸿、王遵业等《起居注》。

《后魏起居注》三三六卷。

《后魏仪注》五十卷。

《魏永安记》三卷。

《大魏诸州记》二十一卷。

《后魏辨宗录》二卷。

王晖业《辨宗室录》三十卷。《辨宗室录》类似族谱。鲜卑人久沿中国姓氏,混淆莫辨,故有《辨宗录》之著,以分辨之。

《后魏皇帝宗族谱》四卷。

《魏孝文列姓族牒》一卷。

后魏文集八家。

《魏阙书目录》一卷。

《魏书》史料有此十二种,故《史通·正史篇》云:

>　　大征百家谱状,斟酌成书。

可见《魏书》的史料亦算丰富。

但是,由于魏收是从北齐的立场出发写《魏书》,欲以北齐继东魏为正统,对西魏史实全付阙如。虽有魏澹以西魏为正统而写有《魏书》,但散佚不传。清谢启昆著有《西魏书》二十四卷,可补此中史料之缺。

《魏书》史料价值最大的要算《释老志》,考宗教源流,必从此入门。南朝时期,佛教最为盛行,然诸史中很少记载。道教本出中国,流传更早,然亦很少系统记载。在此前的史书,对宗教稍有可查的,唯《南齐书》中的《顾欢传》,但亦寥寥。宗教在我国民间虽占重要地位,流传极广而深,然而在正史中,关于宗教的记载很少,从无专志专传之设立。至《魏书》则独创一格,专立《释老志》,为前史所无,是研究我国宗教史之最早而较完善的史料,价值甚高。《史通·书志篇》甚是非议《魏书》的《释老志》,谓其为无谓之著,这是刘知幾不知研究宗教之重要,亦见其对宗教之无知。

其次,北朝书籍流传至今的很少,除《魏书》外,仅有数得清的几部,如《水经注》《洛阳伽蓝记》《齐民要术》《颜氏家训》《刘子》《庾子山集》《十六国春秋》等。较之他朝书籍浩繁者,研究北朝史事难多矣,因而更显得《魏书》的可珍和《魏书》史料价值的物以稀为贵了。

《魏书》的优点,有在列传中创用带枝叙叶的笔法,即在一人本传中,附述本人子孙亲戚的办法。此法为前史所无。虽是琐碎繁衍,然在当时历史条件下,有其可取之处。因北魏为鲜卑政权,当时鲜卑人姓氏与汉人混淆不辨,采用此法,可辨鲜、汉历史渊源。然而,此法不但当时人反对,"甚得时人恶批",连清时的王鸣盛也最反对,谓其为宗谱式之史。我对魏收,也是"轻其才而卑其行"的,然不能因人废言。"甚得时人恶批",恐怕是有这些因素的吧!若谓其为家谱式,则二十四史又何尝不都是封建王朝帝王将相的家谱!况在当时,详明鲜卑、汉姓氏,亦是史家职责,虽式似家谱,而对我们今天研究鲜卑、汉渊源以及民族历史发展关系,实有很大价值。

古人作传,大多采褒于本传而贬于他传的笔法。即在一人本传中,尽量书美,尽量褒。若有所贬,也不在本传中直书,而微词蜇语,散见于其他传或其他处。魏收则不然,在《魏书》各传中,皆直言不讳,无所避忌,因而招尤不浅。《北史》卷五十六《魏收传》论曰:

> 勒成魏籍,追从班马,婉而有则,繁而不芜,持论序言,钩深致远。但意存实录,好抵阴私,到于亲故之家,一无所说。不平之议,见于斯矣。

既是"意存实录",又怎能说是"好抵阴私"!这大概又是因人废言,致得"时人恶评"。我亦不以为然。如若后人以此批评而说这是《魏书》的缺点,我倒说这正是《魏书》的优点。

其次,《魏书》的《四夷传》较他史的"四夷传"真而确。因魏收生于北方,于北方少数民族之情况,耳闻目睹,甚为清晰,故所记载较为真而确。这也应是《魏书》的优点。

总之,《魏书》刚修成,就以魏收名声不好而遭时人反对,致命"且勿施行",后又诏修两次,隋时又复改修一次,最终留传至今。其他魏书、魏史皆亡佚不传,唯魏收《魏书》流传至今者,自有其优点在。

《魏书》的缺点,是孝武帝以后诸帝不复作纪,因而史实阙如,殊为可惜。

三、编著体例和参考要籍

《魏书》体例,分帝纪十二、列传九十二、志十。有谓共一百十四卷者,有谓一百三十卷者。其实有子卷,帝纪十二,分为十四卷;列传九十二,分为九十六卷;志十,分为二十卷。共一百三十卷。《隋书·经籍志》和两唐书《艺文志》均作《魏书》一百三十卷,是正确的。

魏收对沈约《宋书》及萧子显《南齐书》的编撰甚是钦佩,故其著《魏书》之法,多仿此二书。

《魏书》创有《节义传》,为前史所无。后来史书如《晋书》有《忠义传》者,盖仿于此。"外戚传"之设,虽史汉已有,但其所记,仅及后妃。而《魏书》的《外戚传》则不载后妃妇女之事,而专记后妃家属男子,此又是前史所无。

《魏书》又创有《官氏志》和《释老志》,亦为前史所无。《官氏志》前半述官职,与前史无异,后半叙姓氏,则《魏书》所特有,用以排列鲜卑及汉人之姓名字族,于辨判鲜、汉渊源,研究鲜、汉民族历史发展,甚有价值。《释老志》载佛教与道教之事。我国正史中,关于宗教的记载很少,在此以前,从未有以宗教而立专志专传者,前已述及,故《魏书·释老志》为独创之体例,于研究我国宗教史甚为有利。

《魏书》原书缺佚不少,大概早在宋时即已残缺,宋陈振孙《直斋书录解题》即云:

今本记缺二,传缺二十二,不全者三;志缺天象志二。

共缺二十九。

后来有人做了辑佚补缺的工作,故北宋《崇文总目》云:

> 《魏书》存九十一篇,有缺。后人旁取他材为之补作,故尚属不缺。

今行本《魏书》是刘攽、刘恕、范祖禹等所校定,查出了原已残缺而为后人所补的各卷,并将补缺各卷的来源,"各疏于逐卷之末"。

关于《魏书》的参考书,唯清谢启昆著《西魏书》二十四卷,可补《魏书》所缺西魏史实。在阅读《魏书》时,宜取此书参阅,甚有补益。

现存《魏书》的最早版本,要推宋蜀大字本,商务印书馆影印的百衲本,即采此本。

中华书局于一九七四年出有《魏书》点校本,通校了百衲本、明南监本、清武英殿本、清金陵书局本四种本子,还参校了明北监本、明汲古阁本两种本子。特别好的,是已将卢文昭据《通典》的补和陈援庵氏据《册府元龟》的补补全了《乐志》的脱页,又据《册府元龟》和《通典》补入《礼志》和《刑法志》的脱页。现有版本,当以此本为最佳。

第十章 北齐书

一、作者生平及撰述过程

《北齐书》标名李百药撰，其实也和梁、陈二书相似，是李德林、李百药父子二人同撰。

李德林在北齐时就预修国史，成纪传二十七卷，入隋奉诏续撰，增至三十八篇，送藏私府。贞观三年（公元六二九年），唐太宗设馆编撰梁、陈、齐、周、隋五朝史，敕命李百药撰北齐史。百药仍其父旧录，杂采他书，演为五十卷，至贞观十年（公元六三六年），书成奏上。

此书的一大半是李德林撰成，其子李百药仅续成一小半。而作者不载名李德林，唯标名李百药，那也是不符合实际的。应该说，《北齐书》的作者，是李德林、李百药二人。

李德林，字公辅，博陵安平（今河北深县）人。生于北魏孝庄建明元年（公元五三○年），卒于隋文帝开皇十年（公元五九○年），年六十。德林出生北魏，经历齐、周、隋三朝。在齐官至中书侍郎，在周官至御正下大夫，在隋官至内使令，封安平公。事迹见《隋书》卷四十二、《北史》卷七十二本传。

李百药，字重规，德林子。生于北齐后主天统元年（公元五六五年），卒于唐太宗贞观二十二年（公元六四八年），年八十三。隋末官建安(今福建建瓯)县丞,曾入李子通、杜伏威农民军中。旋杜伏威降唐,百药因力劝杜入朝长安有功,非但免死,且被唐太宗擢为中书舍人,官至宗正卿,封安平县子。事迹详见《旧唐书》卷七十二、《新唐书》卷一百零二本传。

《北齐书》原名"齐书",到宋代因别于萧子显所著的《南齐书》,才加上一个"北"字而名《北齐书》。

二、史料来源和价值

《北齐书》的主要史料来源是李德林的《北齐书》和王劭的《北齐志》。

德林少仕北齐,多理掌故,在北齐时就预修国史《北齐书》二十四卷(入隋续增成三十八篇,是纪传体)。王劭的《北齐志》,则是编年体,他根据起居注并广以异闻,成十七卷。李百药撰《北齐书》时,主要据其父《北齐书》二十四卷,兼采王劭《北齐志》十七卷,也杂取了一些其他书籍,史料不算十分丰富。

《北齐书》早在北宋以后即渐残缺,晁公武《郡斋读书志》中已称此书残缺不全。今本大部分出于后人所补。所补的来源,不外两个方面:一是《北史》,一是唐人史抄。所用《北史》补的,删节不少,且现《北史》具在,可补可不补。所用唐人史抄补的,也是面目全非。因此,今本《北齐书》史料价值较低。然而,关于北齐一代史实,留传到今天比较全面的材料,毕竟还只有《北齐书》一书。并且,书中保留下来的李百药的十八篇旧文,还有一些不见他书的有用材料,价值又算较高。

《北齐书》的优点是大量采撷俚语入史。因《北齐书》史采王劭《北齐志》,而《北齐志》书中用俚语较多。盖王劭乃白话文

学家,所作有《俗语难字》,好以俗语入史。如《北齐书》卷二十三《魏兰根传》云:

> (魏愷)迁青州长史,固辞不就。杨愔以闻,显祖大怒,谓愔云:"何物汉子,我与官不肯就!"……显祖谓愔云:"何虑无人作官职,苦用此汉何为,放其还家,永不收采!"

这些对话,全是当时俚语。又如卷五十《韩凤传》云:

> 凤于权要之中,尤嫉士人……每朝士谘事,莫敢仰视,动致呵叱,辄詈云:"狗汉大不可耐,惟须杀却。"

把"狗汉"这样的词语,也搬入史书中,真是少见有的俚语。

俚语入史,今天看来,应是很好,可是在当时的人来说,是甚不以为然的。《隋书·王劭传》曰:

> 文词鄙野,为有识所嗤。

在当时有识之士看来,鄙野俚语入史,是应嗤之以鼻的。这归根到底是个史学观问题。史学应是为大多数人所掌握,还是只操纵在少数人手里?无疑,只有通俗俚语入史,才能为大家所读懂,为人人所掌握。历来俚语入史是很少的,二十四史中唯《北齐书》俚语最多,这不能不说是一个很大的优点。

《北齐书》的缺点,是宣扬"天命论"特别突出。这是由于李德林的"天命论"观点根深蒂固,这在其所写"天命论"这篇文章里可以看出。他的这种观点贯穿到了其所著《北齐书》中。而李百药撰《北齐书》时,在仍其父书史料的同时,也完全承其父书的"天命论"观点,甚至更加发展地扩散在整个《北齐书》中。这是历史的糟粕,应予彻底剔除。

三、编著体例和缺卷考证

《北齐书》的体例,今所行本,计本纪八卷、列传四十二卷,共五十卷。

此书从北宋以后就渐散佚,今本系后人杂取《北史》和唐人史抄辑补而成。

据清儒考证,《北齐书》已佚其半,其所存者,亦多由《北史》补出。由下述四点,可得考证其缺卷和所补入:

一、由称庙号或谥号来考证。今本凡称庙号者为原文,凡称谥号者则为自《北史》补入。

二、由传中有无籍贯来考证。今本传中,凡有籍贯者为原文;凡无籍贯者,则为自《北史》补入。《北齐书》不论父子,皆叙明籍贯;而《北史》作法,凡一姓之子孙皆系于其先祖传后,不重言籍里,故补入《北齐书》时,亦忘其籍里。

三、由列传所附附传与附见来考证。凡附见较短,仅叙及北齐时事者为原文;凡附传较长,叙及周、隋时事者则为自《北史》补入。因《北史》本于魏、齐、周、隋诸书而成。

四、由帝王庙号上有否冠以"齐"字来考证。凡不冠有"齐"字者为原文,凡冠有"齐"字者则自《北史》补入。因《北齐书》记载有齐一代史实,无须加"齐"字以明之;《北史》则记载魏、齐、周、隋诸代,须加"齐"字以明之。

清钱大昕在《廿二史考异》中,订定今所行《北齐书》仅存李百药原文十八篇,余皆由《北史》补入。

《北齐书》的最早版本,有北宋政和刻本,但早已佚失。现存最早的版本,要推三朝本。商务百衲本,三十四卷前即采用此本,三十四卷后采用残宋本。

中华书局于一九七二年出有《北齐书》点校本,系采用三朝本、明南监本、明北监本、明汲古阁本、清武英殿本、清金陵书局本、商务百衲本七种本子校勘,而以三朝本、南监本、殿本为主要互校本子,并且通校了《太平御览》《册府元龟》《北史》《资治通鉴》《通志》中的有关部分。应该说,这是当前最好的本子。

第十一章 周 书

一、作者生平及撰述过程

令狐德棻,宜州华原(今陕西耀县)人。生于周静帝大定三年(公元五八三年),卒于唐高宗乾封元年(公元六六六年),年八十四。官至国子祭酒。在唐初很负文名,多次参与撰修史书。有关令狐德棻事迹,详见《旧唐书》卷七十三、《新唐书》卷一〇二本传。

唐武德四年(公元六二一年),令狐德棻首先建议唐高祖编修梁、陈、齐、周、隋五史。据《唐会要》卷六十三载:

> 武德四年十一月,起居舍人令狐德棻尝从容言于高祖曰:"宋代以来,多无正史。梁、陈及齐犹有文籍。至于周、隋,多有遗阙。当今耳目犹接,尚有可凭,更十数年后,恐事迹湮灭,无可纪录。"

武德五年,诏修魏至隋六代史。修魏史者为萧瑀等人,令狐德棻领《周书》,绵历数载,未就而罢。过了七年,至贞观三年(公元六二九年),再诏修五代史(梁、陈、齐、周、隋),德棻仍专领《周书》,并有岑文本和崔仁师参加编写。至贞观十年(公元六三五年),《周书》和其他四史同时书成奏上。

所以,《周书》的作者,应该说是令狐德棻、岑文本和崔仁师三人。令狐德棻只是专领其事,任主编罢了。

岑文本,登州棘阳(今河南新野)人,官至中书令,也是唐初有名文人。《周书》中的史论多出其手。《旧唐书》卷七十、《新唐书》卷一〇二有传。

崔仁师,定州安喜(今河北定县)人,官至中书侍郎、参知机务。《旧唐书》卷七十四、《新唐书》卷九十九有传。

《周书》虽以周题名,实际上不只是记述了北周一代史事,而是包括了自魏分裂成东、西魏至隋灭周止的四十八年间的西魏、北周的历史。

二、史料不足,但文章儒雅

《周书》史料不足,文籍缺乏。其所据史料,一是柳虬所写北周官史。柳虬是西魏史官。二是牛弘所写的《周史》。牛弘是隋朝人,写《周史》没有完成。而《周书》史料的所本,主要是牛弘的《周史》,以牛弘书为蓝本。

其实,北周一代史事,具载于王劭的《北齐志》。另外,王劭的《隋书》亦记载不少。可是,令狐德棻撰《周书》时,不加采用。因为令狐德棻不喜欢俚语,而王劭是个白话文学家,其《北齐书》中广泛使用俚语,不合令狐德棻的趣好,虽有好的史料,也不采用。《周书》一方面史料不足,一方面有史不采用。这是令狐德棻的大失策,也是《周书》的不幸。

其次,唐初在修《周书》时,征集了一些家状之类的材料补入《周书》里,这也是《周书》史料来源之一。

虽然《周书》史料这样不足,但今天保存北周一代史料比较完整的史籍,还是只有《周书》。因此,《周书》的史料还是有一定价值的,对研究北周的历史,是很重要的。

《周书》的优点,是文章儒雅。《史通·杂说篇》有云:

> 今俗所行周史,是令狐德棻等所撰。其书文而不实,雅而无验,真迹甚寡,客气尤繁。寻宇文初习华风,事由苏绰。至于军国词令,皆准《尚书》。太祖敕朝廷,他文悉准于此。盖史臣所记,皆禀其规。柳虬之徒,从风而靡。案绰文虽去彼淫丽,存兹典实,而陷于矫枉过正之失,乖夫适俗随时之义。苟记言若是,则其谬逾多。爰及牛弘,弥尚儒雅。即其旧事,因而勒成。务累清言,罕逢佳句。

苏绰是当时宰相,力矫当时文章骈俪之风,所谓"寻宇文初习华风,事由苏绰",大概即是指此。牛弘是最反对王劭俚俗文学而力主文章儒雅的,所谓"爰及牛弘,弥称儒雅",可能就是说的这个。这里从刘知幾批评《周书》的一个侧面,也就可以看出《周书》的另一个侧面,即文章儒雅的优点。

但由于文章儒雅的优点也带来了《周书》的一个缺点,那就是以词藻失真,诚如刘知幾所说"文而不实,雅而无验"。如《周书》卷九《皇后传》,记叙北周皇后,皆无失德者,这是文章儒雅、文过饰非所致。

三、编著体例和残阙补佚

《周书》的体例,分本纪八、列传四十二,共五十卷。无志。

凡关于北周一代的礼、乐、刑、政、食货等资料,只能向《隋书》参考。

《周书》自北宋以后,即多散佚,残缺不全。今所行本,是后人采《北宋》和唐人史抄补成的。宋人曾在缺卷后附加了校语,清人钱大昕也曾加考语。据中华书局《周书》点校本《出版说明》所说,卷十八、卷二十四、卷二十六、卷三十一、卷三十二共五卷全缺;卷三十六可能全缺,可能半缺;卷二十一大半缺。另外,卷六《武帝纪》(下)、卷三十九《杜杲传》都脱文几百字,是宋初未脱而传世各本脱去的。

《周书》最早的版本,要算宋熙宁间的刻本,但此本早已不存。宋绍兴间在眉山重刻《周书》及其他六史,即所谓"宋蜀本"或"眉山七史本",也未完整流传下来。现存《周书》最早的版本,要推三朝本。

中华书局一九七一年印有《周书》点校本,采用武英殿本为底本,并以宋蜀刘元明递修本、明南监本、明北监本、明汲古阁本、清金陵书局本、商务印书馆百衲本等六种版本互校。除版本校刊之外,又还通校了《册府元龟》和《北史》中的有关部分。应该说,这是当今最好的本子。

第十二章 隋 书

一、著撰人员考

唐武德四年（公元六二一年），令狐德棻建议朝廷修梁、陈、北齐、北周、隋五朝史。次年，敕命史臣修撰，数年未成。贞观三年（公元六二九年），重修五朝史，诏魏徵任监修，"总知其务"，并主编《隋书》。参加编写《隋书》的还有颜师古、孔颖达。贞观十年（公元六三六年），《隋书》成帝纪五卷、列传五十卷，共五十五卷。同时，其他梁、陈、北齐、北周四史亦告完成，合称"五代史"。

当时，《隋书》只成帝纪、列传，没有志，"五代史"也没有志。贞观十五年（公元六四一年），又诏修"五代史"志。高宗显庆元年（公元六五六年）成《十志》三十卷。作《十志》的是于志宁、李淳风、韦安化、李延寿、令狐德棻、敬播、赵弘智、魏徵等。后来，将此《十志》三十卷编入《隋书》，合原来的纪传五十五卷，乃成《隋书》八十五卷。

开始的时候，《十志》三十卷的编目虽编入《隋书》，其实另刊，俗呼为"五代史志"，或称为"隋书十志"。真正把《十志》包括在《隋书》里，而不另列"五代史志"或"隋书十志"，大概始自后晋时，因《旧唐书·经籍志》著录已称《隋书》八十五卷，与今本相同了。

关于《隋书》的作者,各书记载有误,应予订正。《新唐书》卷五八《艺文志》载:

> 令狐德棻,《后周书》五十卷、《隋书》八十五卷、志三十卷,颜师古、孔颖达、于志宁、李淳风、韦安化、李延寿与德棻、敬播、赵弘智、魏徵等撰。

如据《新唐书·艺文志》此言,《隋书》的志三十卷是颜师古、孔颖达诸人所撰。而考《隋书》的志后成于纪、传二十年,颜师古卒于贞观十九年(公元六四五年),是志成时,师古已殁十一年。又《宋史·艺文志》谓颜师古《隋书》八十五卷,亦是谬误。因颜师古只和孔颖达同撰《隋书》纪传五十五卷,志三十卷非其所撰。再又《四库提要》谓《隋书》八十五卷乃是魏徵撰,亦非。魏徵卒于贞观十六年(公元六四二年),是魏徵死后十四年,志方完成。

因此,《隋书》的作者,应是纪传五十五卷,题魏徵等撰,志三十卷,题长孙无忌等撰。纪传的实际作者虽是颜师古、孔颖达,但魏徵是监修,"总知其务",题其名还属可以。志的实际作者虽是于志宁、李淳风、韦安仁、李延寿、令狐德棻、敬播、赵弘智等人,但初由令狐德棻任监修,后改由长孙无忌任监修,提名长孙无忌,也还可以。明南监本《隋书》,纪传提名"魏徵上",志提名"长孙无忌等撰",是。新出版中华书局《隋书》点校本,总提名"魏徵撰",欠妥。

二、史料来源和价值

《隋书》常自言史料缺乏,如卷五十三《刘芳传》有云:

> 开皇时,有冯昱、王撝、李充、杨武通、陈永贵、房兆,俱为边将,名显当时……史并失其行事。

又卷六十四《王辩传》云:

> 时有将军鹿愿、范贵、冯孝慈俱为将帅,数从征讨,并有名于世。然事皆亡失,故史官无所述焉。

其实,虽《隋书》自言史料缺乏,然可供其史料来源者,据《隋书》卷二八《经籍志》记载,当时尚有:

王劭《隋书》六十卷。

《隋开皇起居注》六十卷。

《开业平陈记》二十卷。

《隋朝仪礼》一百卷。

可是这些书,后来都已失佚。唯其如此,《隋书》得以流传至今,成为我们今天研究有隋一代历史的重要资料。因此,《隋书》的史料价值并不低。特别是《隋书》中的十志,记载了汉魏以来的典章制度、货币制度、交通情况、度量衡制度等,是研究经济史的重要资料,可补《南北史》之缺。犹之《宋书》诸志,可补《三国志》之缺。《隋书》的《经籍志》,除著录当时所存的书外,还附载了已经亡佚的书,是搜集佚书的重要线索。其采用的图书分类法,久传后代,是研究我国古书目录学的重要资料。

《隋书》的缺点,是文章写作,前后失应。如卷四十六《韦师传》所载世康与卷四十七《世康传》所载世康,判若两人,风度操守截然不同。卷四十六《韦师传》言：

> 其族人世康,为吏部尚书,与师素怀胜负……引师为主簿,而世康弟世约为法曹从事。世康恚恨不能食,又耻世约在师之下,召世约数之曰:"汝何故为从事?"遂杖之。

而卷四十七《世康传》竟言：

> 世康性恬素好古,不以得丧于怀。在州尝慨然有止足之志……世康性孝友,初以诸弟位并隆贵,独季弟世约宦途不达,共推父时田宅尽以与之,世多其义。

为什么《隋书》文章写作如此前后不应？盖《隋书》成于众人之手,不能前后照应所致。

《隋书》也有优点,那就是此书出于当代名流,文章能手,故文史简洁,诵读可口。

三、编著体例及"八书"读法

《隋书》的体例,分本纪五卷、列传五十卷、志三十卷,凡八十五卷。

前面已经说过,《隋书》的志,是取的"五代史"的《十志》。而《十志》后成于纪传,因此依时先后,《隋书》的志应置于纪传之后、全书之末,而现置于全书之中,是欠妥的。

昔人有所谓"八书"的称法。即《宋书》《南齐书》《梁书》《陈书》,为南朝四史;《魏书》《北齐书》《周书》《隋书》,为北朝四史。因此八史都标名"书",故昔人合称为"八书"。"八书"在当时是很盛行的。到唐初李延寿删"八书"而成《南史》《北史》,

卷帙较简，于是人们便乐诵《南史》《北史》，而"八书"之说便渐冷落了。

读"八书"，宜取《南北史》时照；读《南北史》亦宜取"八书"对照。因"八书"是《南北史》的所本，《南北史》是"八书"的删简。

四、用途和版本

《隋书》的主要用途，是今天我们研究隋代历史的重要史料。而《隋书》的十志，既可补《南北史》之缺，又是研究我国经济史的重要资料。至于《隋书》的《经籍志》，用途更大，是研究我国古书目录学的重要资料和搜索佚书的重要线索。

《隋书》的最早版本，要推宋天圣二年刻本，今已失传。

一九七三年，中华书局出有《隋书》点校本，是以宋小字本、元十行本即元九行本作底本互校，再参考了宋中字本、明北监本、明南监本、明汲古阁本、清武英殿本、清淮南书局本等刻本，择善而从；还参校了《通典》《太平御览》《册府元龟》《资治通鉴》《通志》等书的有关部分。同时，也吸取了前人研究《隋书》的成果，应是现在较好的本子。

第十三章 南史 北史

一、作者生平及撰述过程

李延寿,字遐龄,相州(今河南安阳)人。唐贞观中,累补太子典膳丞、崇贤馆学士。后来"以修撰劳,转御史台主簿,兼直国史"。最后官至符玺郎,兼修国史。

李延寿还在撰修《南史》《北史》之前,就和敬播同修过《五代史志》,又预撰过《晋书》,并著有《太宗政典》。其事迹详见《旧唐书》卷七十三《令狐德棻传》附,及《新唐书》卷一〇二《令狐德棻传》附。

李延寿的父亲李太师也是个"多识前世旧书"的史学家,曾仿照《春秋》编年写过南北史,惜未成而殁。李延寿就是在他父书的基础上,改编年体为纪传体,删节"八书",又补充了一些材料而撰成《南史》《北史》。《新唐书》卷一〇二《令狐德棻》附有这样一段记载,可清楚地看出李延寿《南史》《北史》的撰述过程:

> 初,延寿父太师,多识前世旧事……拟《春秋》编年,刊究南北事,未成而殁。延寿既数与论撰,所见益广,乃追忠先志。本魏登国元年,尽隋义宁二年,作本纪十二、列传八十八,谓之《北史》;本宋永初元年,尽陈祯明三年,作本纪

十、列传七十,谓之《南史》。凡八代,合二书百八十篇,上之。

李氏父子之所以编撰《南史》《北史》,其用意是反映统一的要求,其观点是进步的。《新唐书》卷一○二《令狐德棻传》有云:

> 初,延寿父太师,多识前世旧事,常以宋、齐、梁、陈、齐、周、隋天下参隔,南方谓北为"索虏",北方指南为"岛夷"。其史于本国详、他国略,往往訾美失传。思所以改正,拟《春秋》编年,刊究南北事,未成而殁。

"索虏"、"岛夷",本是南北朝时,南北分裂,种族隔离,互相敌视的称谓。如今经过隋唐,已是全国统一,这种敌视的称谓,固不宜再用;南朝四史、北朝四史的分离,也不宜再有。应该废除南北敌视的语言,消弭各史分裂的迹痕,创有一部南北统一的史书,以利于民族的团结,以益于历史的前进。李氏父子此时出而编撰《南史》《北史》,顺应了这一历史的要求,满足了全民族的愿望。并且打破了朝代的断限,删改了一些不利于统一的提法。其用意至善,其观点进步。

二、史料所据及编撰方法

《南史》《北史》的史料,据自宋、齐、梁、陈、魏、北齐、周、隋等八书,而以"八书"为蓝本,缀、移、增、删。《旧唐书》卷七十三《令狐德棻传》附谓:

> 延寿又尝删补宋、齐、梁、陈及魏、齐、周、隋等八代史,谓之"南北史",凡一百八十卷,颇行于代。

由此可知,《南史》《北史》乃李延寿删补"八书"而成。

另外,据李延寿在《北史》卷一〇〇《序传》里说:"又从此八代正史外,更勘杂史于正史所无者一千余卷,皆以编入,其烦冗者即削去之。然所增,多关风趣及书法之事而已。"

《南史》《北史》的编撰方法是缀、移、增、删。如何缀、移、增、删?例如:

南朝有十数烈女,归入《南史·孝义传》,男女合编。

《梁书·止足传》所记三人,《南史》将其传中顾宪之、萧眎素二人归入其祖父传中,余一人陶季直归入《孝义传》中。

上两例就是"缀"的办法。

《北史》合《艺术传》,移《周书·艺术传》中冀儁、黎景照、赵文深于《儒林传》。

《陈书》无《隐逸传》,《南史·隐逸传》于他处移来《马枢传》,以补《陈书》所无。

《魏书》有《阉官传》,《北史》无《阉官传》,以其宗爱、仇洛齐、段霸等全部《阉官传》二十五人移入《北史·恩幸传》。

《北史》无《孝义传》,移《周书·孝义传》中柳桧、杜叔毗二人入《节义传》。

《北齐书·酷吏传》内四人,移出宋游道、卢斐、毕义云三人,附于其家传之后,余邸珍一人移入《北史·酷吏传》中。

上五例就是"移"的办法。

南四史无《贼臣传》名目,《南史》新增此目,内包梁二人、陈四人。

上一例,就是"增"的办法。

至于"删",则《南史》于《宋书》所删甚多,《北史》于《魏书》所删甚多。

总的说来,《南史》于《宋书》所删甚多,于《南齐书》所增甚多,于《梁书》删增各半,于《陈书》则未动。《北史》于《魏书》所删甚多,于《北齐书》《周书》二书所增甚多,于《隋书》则未动。

《南史》《北史》合"八书"为一书,在文章上删繁就简,笔削"八书"臃肿之病,使后人简明易读,这不能不说是《南史》《北史》的一个优点,故《新唐书》卷一〇二《李延寿传》有云:

> 其书颇有条理,删落酿辞,过本书远甚。

这是持平之论,但不能"见年少位下",就"不甚称其书"(《新唐书》卷一〇二《李延寿传》语)。王鸣盛在其《十七史商榷》中有《新唐书》过誉《南史》《北史》一条,就是"见年少位下"而诋延寿。其谓《南史》《北史》做法有二,一为删改,一为迁移,学识浅陋,才短位又甚卑,著述传世千余年,实为幸运。此语未免言之过甚,有失持平。

《南史》《北史》的缺点,是删简材料,有些失当。如《魏书》卷五十三《李孝伯传》附《李安世传》中关于均田制的奏疏,《梁书》卷四十八《范缜传》中关于神灭的辩论,是研究我国土地制度及唯物主义与唯心主义斗争史的有价值材料,而李延寿在南北史中都删而不收,或留存无几,这是很失当的。

《南史》《北史》在文章上大削"八书"臃肿之病,简明易读;在材料上不独综录"八书",而且增补了一些"八书"以外的新材料。今天研究南北朝历史,此书仍很有价值。

三、编著体例和读法

《南史》的体例,分本纪十卷、列传七十卷。《北史》的体例,分本纪十二卷、列传八十八卷。

《南史》连贯宋、齐、梁、陈四代,《北史》连贯北魏、北齐、北周及隋四代,似乎是通史体例。其实不然。因为实际上,《南史》《北史》只不过是删并了几部断代史而成《南史》《北史》的。《南史》删并《宋书》《南齐书》《梁书》《陈书》四部断代史而成,《北史》删并《魏书》《北齐书》《周书》《隋书》四部断代史而成。且其内容,只有纪传,而无表志。而通史体例,应是通贯古今,包罗万象,应有表有志,最低限度应该有志。因此,《南史》《北史》不能算通史,仍应称断代史。《旧唐书·经籍志》以《南史》《北史》为都史。所谓"都史"者,通史也。《新唐书·艺文志》以《南史》《北史》入通史。《史通》论六家,归《南史》《北史》入史记家。所谓"史记家"者,指《史记》及梁武帝所作《通史》也。这都是不适当的分法。

《南史》《北史》纪传体,新创一家传形式,将同一族的祖孙,编为家传,不分朝代,子孙都附录于父祖传下。这固是当时门阀制度的反映,然亦有便于辨明当时汉族和其他少数民族关系的发生和发展。因周、隋时,外族多改汉姓,混淆莫辨。且南北朝时,北人南徙,有侨籍侨郡之制,若非家传形式,无以知其源流。因此,家传形式较为如实地反映了当时的社会现实,在当时是一种可行的体例。《四库提要》甚以《南史》《北史》的家传形式为不当,是不理解当时历史的实际。

阅读《南史》《北史》时,宜取"八书"对勘,一以追源逐本,正本清源;同时两者对勘,可以发现其异同,考订其谬误。又今人读《南史》《北史》,若其无志可稽,可参阅《隋书》十志。清李慈铭《越缦堂日记》云:

窃谓本纪宜用南北史,列传宜用"八书"而去其重复,平其限断,除其内外之辞,正其逆顺之迹,更以彼此互相校注。志则用《隋书》中《五代史志》,而注以宋、魏、南齐诸志,庶为尽善矣。

这是有识之谈,对我们阅读《南史》《北史》的方法,是甚有参考价值的。

四、参考要籍和版本

明末李清著有《南北史合注》一百九十一卷,是读《南史》《北史》的最好参考书。为《南史》《北史》作注的书,也只有这一本。

本来,张溥与李清欲仿裴松之注《三国志》的办法注《南史》《北史》,未成而张溥死。李清取"八书"所有而《南史》《北史》所无的材料,分注于《南史》《北史》正文下,并采诸佛书之与《南史》《北史》有关者注入,成《南北史合注》。观此书,可首翻检"八书",两相对照,一目了然。书出,时人誉为三大奇书之一。其特点有五:

一、引佛典为注,此为创举。

二、宋武帝弑晋恭帝,《宋书》未敢直言,李清则直书"宋武帝弑零陵王"。

三、新增《逆后传》,专载北魏冯、吴二太后事迹。

四、不称高欢、宇文泰为帝,而称其名。因为,高欢、宇文泰未为帝,《南史》《北史》称其为帝,不合。

五、萧詧称帝于江陵,立国后梁,事载《周书》,移入《北史》。

读《南史》《北史》，最宜参考此书。其稿现存北京图书馆，未有刊行。本来，清乾隆时修《四库全书》，已将此书收入其内，后因发现李清《诸史异同录》以顺治与崇祯相提并论，并列相似之点四条，乾隆大怒，乃令将《南北史合注》从《四库全书》中剔除。故此书未得刊行，其稿尚存北京图书馆。

现存《南史》《北史》的最早版本，要推元大德本，商务百衲本即影印此本。更早的宋本，恐只有北京图书馆所藏的宋本残卷了。

一九七五年，中华书局有《南史》和《北史》点校本。两书都采用百衲本为工作本。《南史》以汲古阁本、武英殿本进行通校，以南、北监本和金陵书局本作为参校。《北史》以南监本、武英殿本进行通校，以北监本、汲古阁本作为参校。此外，还参校了"八书"和《通志》以及《通鉴》《太平御览》《通典》等书。对于清儒的成果，吸取了钱大昕的《廿二史考异》、王鸣盛的《十七史商榷》、李慈铭的《南史札记》和《北史札记》等。对于近人的成果，吸取了张元济、张森楷的《南北史》校勘记稿本。搜罗至广，用功至巨，堪称今天最好的本子。

第十四章　旧唐书　新唐书

一、作者简考及撰述过程

《旧唐书》题刘昫等撰，实则监修是赵莹，撰修是张昭远、贾纬、赵熙诸人。刘昫于《旧唐书》实无功，而是恰逢其会，窃负虚名。

后晋时，石敬瑭命张昭远、贾纬、赵熙、郑受益、李为先同修唐史，而以宰相赵莹为监修。赵翼《廿二史札记》卷十六有云：

> 今据薛、欧二史及五代会要诸书考之，晋天福五年（高祖石敬瑭），诏张昭远、贾纬、赵熙、郑受益、李为光同修唐史，宰臣赵莹监修。（《晋纪》）

因为唐代史料残缺，赵莹用尽心思，想方设法，发掘人才，搜集史料，其于《旧唐书》用力至巨，应列首功。《旧五代史》卷八九《赵莹传》云：

> 监修国史日，以唐代故事残缺，署能者居职。纂补实录及修正史二百卷行于时，莹首有力焉。

故《廿二史札记》卷十六亦云：

> 是此事赵莹为监修，综理独周密，故莹本传谓《唐书》二百卷，莹首有力焉。

其次对修《旧唐书》有功的,要推张昭远、贾纬、赵熙。《廿二史札记》卷十六亦分别记述了他们的功劳:

> 昭宗一朝,全无纪注,天福中张昭远重修《唐史》,始有《昭宗本纪》。(《五代史补》)是张昭远于此事搜辑亦最勤,故刘昫上《唐书》时,与昭远同署名,昭远寻加爵邑,酬修史之劳也。(《晋纪》)贾纬长于史学,以武宗之后无实录,采次传闻,为《唐年补录》六十五卷,入史馆,与修唐书。(《纬传》)今《旧唐书》会昌以后纪传,盖纬所纂补。又赵熙修《唐书》成,授谏议大夫,赏其笔削之功。(《赵熙传》)

这样看来,明明《旧唐书》的修成,监修赵莹之功居多,其次是纂修张昭远、贾纬、赵熙之力,刘昫并没有甚么功劳。而在《刘昫传》里,也并不载其修史之事。为什么《旧唐书》竟题名"刘昫等撰"?那是适逢其会,恰巧书成进奏时,赵莹已不任宰相,刘昫接任宰相的职位,而按唐时的惯例,官修史书总是由当任宰相领衔监修的,因此挂上了刘昫的监修名字,而后来又以监修的名字为撰者的名字。这在《廿二史札记》卷十六里也说得很明白:

> 晋出帝开运二年六月,监修国史刘昫、史官张昭远(后以避刘智远讳,但名昭,《宋史》有传)以新修《唐书》纪、志、列传并目录,凡二百三卷上之,赐器币有差。(《晋纪》)此《旧唐书》所以首列刘昫名也。

为什么书成奏上时,又署上了张昭远的名字?那是因为:

> 是张昭远于此事搜辑亦最勤,故刘昫上《唐书》时,与昭远同署名。(《廿二史札记》卷十六)

关于《旧唐书》的作者，正如《廿二史札记》卷十六所说：

> 今人但知《旧唐书》为昫所撰，而不知成之者乃赵莹、张昭远、贾纬、赵熙等也。

这是很不公道的。有功者不名，反被无功者适逢其会，窃负其名。

赵翼在其《廿二史札记》卷十六《旧唐书源委》对《旧唐书》作者的这段考证，是很精确可信的。我们应明确认定《旧唐书》作者是张昭远、贾纬、赵熙等人，监修是赵莹。《旧唐书》应题名"赵莹等撰"，而应否定刘昫的《旧唐书》著作权，不应题名"刘昫"。

《旧唐书》原名《唐书》，后来为了区别于欧阳修、宋祁撰的《新唐书》，因而冠上一个"旧"字，故称《旧唐书》。

自北宋欧阳修、宋祁重撰《新唐书》出世后，人皆以《旧唐书》较之逊色，因而无形中遂弃而不为人重视。但传本未绝，至清乾隆修《四库全书》时尚能找到，因遂列入二十四史之中。其实，《旧唐书》亦有超胜《新唐书》之处，两书相辅而成，应该取长补短，相互参照。

《新唐书》的作者是北宋欧阳修、宋祁、范镇、吕夏卿等人。

原先，宋仁宗认为《旧唐书》（当时尚称《唐书》）浅陋不称意，乃于庆历四年（公元一〇四四年）命欧阳修、宋祁、范镇、吕夏卿等重撰。宋祁分撰纪传，过了十年，始成列传一百五十卷，至于纪、志、表无人撰写，全书更无人总其成。仁宗因又命欧阳修主修全书。欧阳修接手后，分撰纪、志，刘义叟撰《天文志》《历志》，梅圣俞撰《方镇表》《百官志》。后来，又由范镇编定了志和表，吕夏卿参与删定。嘉佑五年（公元一〇六年），书成奏上。先后历时十七年始成。因当时监修为曾公亮,故进书表上以公亮领衔。但实际上,总其成并撰本纪而编定表、志者为欧阳修,撰列传者为宋祁。故本纪、表、志应题欧阳修撰,列传应题宋祁撰。武英殿本《新唐书》纪、志、表题欧阳修撰,列传题宋祁撰,正是。新出版中华书局《新唐书》点校本,不分纪、志和列传,统题欧阳修、宋祁撰,不妥。

欧阳修,字永叔,庐陵(今江西吉安)人。生于宋真宗景德四年(公元一〇〇七年),卒于宋神宗熙宁五年(公元一〇七二年),年六十五。修幼举进士,官至翰林学士、参知政事。因参加"庆历新政",范仲淹罢相,修亦被贬,先后任滁州、扬州、颍州、应天府等地方官。熙宁初,因反对王安石变法致仕。修为北宋古文家,著文学书多种;亦为史学家,所著史学书,除《新唐书》外,尚有《新五代史》《集古录》等书。关于欧阳修的生平事迹,详见《宋史》卷三百一十九本传。

宋祁,字子京,安州安陆(今湖北安陆)人。生于宋太宗至道二年(公元九九六年),卒于宋仁宗嘉佑六年(公元一〇六一年),年六十五。官至翰林学士、龙图阁学士、史馆修撰,并任过杭州、成德等州地方官。预修《新唐书》,撰列传部分。事迹详见《宋史》卷二百八十四附其兄庠传。

二、史料来源和两书比较

《旧唐书》的史料来源,主要是实录与国史。

实录是指唐代前期高祖至文宗的各朝实录以及唐代后期的《武宗实录》。

国史是指由吴兢、韦述、柳芳、于休烈、令狐峘等相继删增而成的《唐书》一百三十卷。先是唐初由长孙无忌、令狐德棻、顾胤等撰《武德贞观两朝史》八十卷，继后吴兢合撰为《唐书》一百卷，再后吴兢、韦述、柳芳、令狐峘、于休烈等又作增辑，而成《唐书》一百三十卷。

后来张昭远、贾纬、赵熙等撰修《旧唐书》，就是根据这一百三十卷《唐书》和上述实录为主要资料。

《旧唐书》所据的史料，前期较丰富，后期较缺乏。前期除有《唐书》一百三十卷可据外，尚有高祖至文宗各朝实录。后期则不然。因自安史之乱和黄巢起义后，两京失守，实录散亡略尽，自武宗以后六朝，仅有《武宗实录》三十卷，宣宗以后诸朝史实不能详尽。以致《历志》《经籍志》的记载，仅及玄宗朝而止，列传中的后期人物缺漏很多。在体例的严谨、文字的简洁等方面，后期也远远不如前期。故《四库全书总目提要》对《旧唐书》有如下一段评论，是有道理的：

> 大抵长庆以前，本纪惟书大事，简而有体；列传叙述详明，赡而不秽。颇能存班、范之旧法。长庆以后，本纪则诗话、书序、婚状、狱词委悉具书，语多支蔓。列传则多叙官资，曾无事实。或但载宠遇，不具首尾。

《旧唐书》的史料价值，最大的是《懿宗本纪》和《僖宗本纪》中记载的关于庞勋起义和黄巢起义的史料。列传中，庞勋无传；黄巢虽有传，但甚简略。今天研究庞勋、黄巢起义的材料，唯于《懿宗本纪》和《僖宗本纪》中得之，故其材料更为可贵。其次，如在傅奕、狄仁杰、姚崇等传中抄录的他们反对佛教的文章，在吕才、卢藏用等传中抄录的其反对迷信的文章，都是研究中国宗教史和思想史的有价值史料。由于作者时在五代，去唐不远，得以接触到唐代、特别是唐代前期的大量原始记载,因而保存了这些有价值的史料。

《旧唐书》的优点,是记事详实,多传原文,不少富有史料价值的文章,被《旧唐书》最早保存了下来。其缺点,是《旧唐书》的作者大半为官僚,不学无术,对史学无见无识,因而对史料因陈抄袭者多,裁剪整理者少,致对实录、国史为当时帝王的回护隐讳,也照抄不改,并有一人两传、一事重见、一文复出的缺陷。

《新唐书》的史料,本于《旧唐书》,但史实有增,而文词有省。曾公亮在《进新唐书表》里有云:

> 其事则增于前,其文则省于旧。至于名篇著目,有革有因;立传纪实,或增或损。

《新唐书》为唐朝后期人物立传,因穆宗以下无官修实录,乃采用了不少《旧唐书》所没有采用过的小说、笔记、传状、碑志、家谱、野史等史料,而在列传部分增加了三百余传,虽然删去了六十余传。又,《新唐书》增加了《旧唐书》所没有的"表"。志的部分,《新唐书》比《旧唐书》详细,确是"其事则增于前"。《新唐书》本纪部分删去了《旧唐书》本纪的十分之七。《旧唐书》二十帝纪计三十万言,而《新唐书》十纪仅九万余言。这又确是"其文则省于旧"。

《新唐书》的史料价值,主要在志的部分,如《选举志》《兵志》是研究唐代政治军事的可贵资料,《食货志》是研究唐代经济的重要资料,《天文志》和《历志》保存了《大衍历》历议。这是研究历法理论的极其可贵的史料。尤其是《艺文志》,收入了开元以后的不少著作,是《旧唐书》所未载而为研究目录学的重要资料。

《新唐书》的优点是，史料有所补充，文字严谨简洁。缺点：一是在史料方面，欠妥地删去和改写了大量历史文章。二是文字过于简略，如本纪以重"春秋笔法"而叙事太简；列传以宋祁反对骈文，将旧书所收骈文改为散文，又求古简，致使诘屈聱牙，行文不畅。

最后，对新、旧《唐书》做个简单的比较。

新、旧《唐书》是两部官修的唐史，而且新书基本上因袭旧书，但亦各有短长：

在史料方面，总的说来，新书超过旧书，但就本纪而论，新书材料不如旧书材料丰富。就列传而论，新书材料超过旧书，但旧书保存了大量的重要历史文章，而新书或全文删掉，或压缩改写，失去原来的历史文献面貌，这又在保存史料方面，新书不及旧书的详实明白。

在体例方面，新书胜于旧书。旧书有志无表，新书改变了《后汉书》以来至《新唐书》以前无表的现象。《新唐书》特别重视志、表部分。而在"志"的方面，新书又有新的创见，增加了以往各史所无的《仪卫志》《选举志》《兵志》。在"表"的方面，编制《宰相表》《方镇表》《宗室世系表》等。

在文字方面，新书严整简洁，胜于旧书的一人两传、一事重见的现象。但新书有时过于简略，又不及旧书的详尽明白。

三、编著体例和读法

《旧唐书》的体例，分本纪二十卷、志三十卷、列传一百五十卷，凡二百卷。

《新唐书》的体例，分本纪十卷、志五十卷、表十五卷、列传一百五十卷,凡二百二十五卷。

《新唐书》在体例上有所创新,新增了以往史书所无的《仪卫志》《选举志》《兵志》。《仪卫志》记载儒家礼仪,《选举志》记载取士制度,《兵志》记载军事制度。又在列传中,新增《藩镇列传》,记载藩镇割据情况。自《后汉书》以来,《新唐书》以前,各史无表,《新唐书》恢复了表的体例而编著了《宰相表》《方镇表》《宗室世系表》。

阅读《新唐书》时,宜取吴缜《新唐书纠谬》参照勘读。吴书以本校法,就本书取证,订误四百六十条,大多正确,可助纠正《新唐书》之谬。读新旧《唐书》时,可参阅沈炳震《新旧唐书合钞》,互相对比,两两参证。沈书综合二书,舍短取长,对研读新旧《唐书》甚为有益。

四、参考要籍和版本

后人研究新、旧《唐书》者甚多。尤其《新唐书》较《旧唐书》有名,研究者更多。因此,两书参考要籍不少。

清张道著有《旧唐书疑义》四卷,专评《旧唐书》之弊,可作为研读《旧唐书》参考书籍。

王若虚著有《新唐书辨惑》三卷(载《滹南遗老集》卷二十二至二十四),以本校法驳评《新唐书》。吴缜著有《新唐书纠谬》二十卷,亦以本校法纠新书之谬。此二书可作为研读《新唐书》参考书籍。

沈炳震《新旧唐书合钞》二百六十卷、王先谦《新旧唐书合钞补注》二百六十卷(书成未刊)、赵绍祖《新旧唐书互证》二十卷、钱大昕《新旧唐书二目互校》(载《廿二史考异》内),可为同时研读新、旧《唐书》的参考书籍。

现在能看到的《旧唐书》最早版本，要推闻人诠本，商务印书馆百衲本即采用此本与南宋绍兴间越州刻本。

一九七五年，中华书局印有《旧唐书》点校本，以清道光间扬州岑氏惧盈斋刻本为工作本，并参校了百衲本、明嘉靖间闻人诠本、清乾隆间武英殿本、清同治间浙江书局刻本、清同治间广东陈氏莋古堂刻本，择善而从，并参校了《唐会要》《太平御览》《册府元龟》等书。对于前人校刊的成果，除参考了清人罗士琳等人的《旧唐书校勘记》外，还吸收了近人张森楷《旧唐书校勘记》、龚道耕《旧唐书补校》等稿本的成果。中华书局刊印的这个《旧唐书》点校本，搜罗的版本极其广泛，用功至巨，应是今天《旧唐书》的最好本子。

《新唐书》的最早版本，要推北宋嘉祐十四行本。商务印书馆影印的百衲本，就是采用北宋嘉祐十四行本与北宋十六行本、南宋十行本影印而成的。

一九七五年，中华书局出有《新唐书》点校本，是以商务印书馆影印的百衲本为工作本，并参校了北宋闽刻十六行本、南宋闽刻十行影印本、汲古阁本、武英殿本、浙江书局本等。中华书局的这个《新唐书》点校本，应是今天《新唐书》的较好本子。

第十五章 旧五代史 新五代史

一、作者生平及撰述过程

《旧五代史》,题名薛居正撰,而实际做撰修工作的是卢多逊、扈蒙、张澹、李穆、李昉等。薛居正是领衔监修,只是一个挂名的主编而已。宋太祖开宝六年(公元九七三年)四月二十五日诏明确写道:

> 梁、后唐、晋、汉、周五代史,宜令参政薛居正监修,卢多逊、扈蒙、张澹、李穆、李昉等同修。

《旧五代史》的成书是比较快的,开宝六年(公元九七三年)四月诏下后即着手进行撰修,至次年闰十月就书成奏上,前后费时仅二十个月。《旧五代史提要》云:"开宝六年四月戊申诏修五代史,七年闰十月甲子书成。"所以成书如此之速,一方面是有各朝实录可据,而在史料加工和文字润色上又未多下功夫,同时撰修诸人皆去五代不远,不过十余年,且薛居正曾历仕晋、汉、周诸朝,耳闻目见,熟悉当时历史,搜集史料容易。

《旧五代史》原名《五代史》,又称《梁、唐、晋、汉、周书》。后来为了别于欧阳修的《新五代史》,乃冠一"旧"字,而名薛史为《旧五代史》。

薛居正《旧五代史》至北宋时仍为人推崇,新、旧《五代史》

并行于世。至金章宗泰和七年(公元一二〇七年),诏令学官专用欧史,从此,薛史便不行于世而渐湮没无闻。因而,薛史原书已佚。幸而明朝内府藏有薛史,见于文渊阁书目,因此,《永乐大典》多载有薛史史文,唯割裂淆乱,已非薛史原篇旧次。现行的《旧五代史》是清乾隆修《四库全书》时的辑本。

《新五代史》为欧阳修撰。欧阳氏就薛史重修,一人独撰,先后经过十八年左右而成。书成私藏于家,未进于朝。修殁后,熙宁五年(公元一〇七二年)诏其家上之,始刊行于世。欧阳修之撰《新五代史》,意在仿效《春秋》义理,以一字褒贬,拨乱反正,治法正君,其尊崇孔儒,最为突出。其他有关欧阳修之生平介绍,已见本书第十四章《新唐书》篇,这里不赘。

《新五代史》原名《五代史记》,后为别于薛居正撰的《旧五代史》,因改称《新五代史》。

《旧五代史》为官修,《新五代史》为私撰。

二、史料来源和薛史辑佚

《旧五代史》的史料来源,为五代各朝诸帝实录。五代各朝都有实录,《旧五代史》就是据此实录而成的。材料加工和文字润色都很少下功夫,连各朝实录的书法有的都照抄未改。同时,宋太祖建隆年间,范质将五代各朝实录总编为《五代通录》六十五卷,《旧五代史》作者就直接以此书为蓝本。

有谓后梁无实录之说,此语不确。宋陈振孙就持此说,陈氏在其《直斋书录解题》谓"唐、晋、汉、周皆有实录,唯梁无之"。殊不知《宋史·艺文志》里明明著录有《梁太祖实录》二十卷,又王禹偁《五代史阙文》尝引《梁太祖实录》,即其明证。

《旧五代史》的史料，是有很高价值的。因为其编撰人大多经历五代时期，对当时史实耳闻目见，所用史料比较真实可靠。因而《旧五代史》保存了比较丰富而又比较真实的原始材料，史料价值较高。

《旧五代史》原书已佚，现行的是清乾隆修《四库全书》时的辑本。

清乾隆时，修《四库全书》，找不到薛史原书，馆臣邵晋涵等人从《永乐大典》中集录薛史，并采《册府元龟》等书所引《旧五代史》文以作补充，凡是补充的文字，都注明出处，以免与从《永乐大典》中辑出的内容相混淆。又不足，更取其他宋人所著如《太平御览》《五代会要》《通鉴考异》等凡数十种书及五代碑碣进行考订，或入正文，或作附注。这样一来，《四库全书》集录了原来薛史的十分之七八。乾隆四十年（公元一七七五年），缮写进呈，列入《四库全书》之内。薛史的辑佚过程大致如此，现行《旧五代史》即此辑佚本。

其实，辑佚薛史，应从《册府元龟》，而不宜从《永乐大典》。因为《册府元龟》成书早于《永乐大典》，《永乐大典》中很多材料引自《册府元龟》。《册府元龟》大概成书于宋真宗景德二年（公元一〇〇五年）时，《永乐大典》成书于明成祖永乐三年（公元一四〇五年）时，《册府元龟》比《永乐大典》早成书四百年。当然，早成书四百年的《册府元龟》比晚成书四百年的《永乐大典》要可信。何况《永乐大典》中的这些有关五代史的材料，还是从《册府元龟》中引出的呢！又薛史成书于宋太祖开宝七年（公元九七四年），比《册府元龟》成书不过早三十一年。《册府元龟》为采录薛史最早的刻本，时间愈近，当愈可信。因此，辑佚薛史应从《册府元龟》，而不宜从《永乐大典》。

陈垣辑的《旧五代史发覆》，即辑自《册府元龟》，而不辑自《永乐大典》，是很有识见的。惜其所辑仅择要者十之一二，未及全部完成。现在二十四史中的《旧五代史》辑自《永乐大典》，不能令人满意。若续陈援庵氏之未竟，从《册府元龟》中续辑薛史全书，更代现今二十四史中的《旧五代史》，那是一件很有价值的事。

《新五代史》的史料，多据《旧五代史》。然而又不仅据旧本薛史采证极博，采用了其他小说、笔记的记载，添补了薛史所无的许多史料。特别是欧阳修在距薛居正五六十年后的时期，新见到了不少薛氏所未见到的有关五代历史的著述。欧阳修博采群言，旁参互证，考讹订谬，纠正了薛史不少错误。欧阳修撰《新唐书》时，搜用五代史料，对五代史料已有丰富积累。或许可以说，《新五代史》是欧阳公修《新唐书》的副产品。

新、旧《五代史》的价值，在于它们是研究我国五代时期的重要历史资料。

《旧五代史》的优点是材料丰富，且因材料所据的是各朝实录，因而比较确切详尽。缺点是芜杂而乏整理润色，概括力差，文章不甚高明。且《旧五代史》为官修，所据实录又多讳饰，因而曲笔回护至多。如唐昭宣帝退位后受封为济阴王，未几为朱温所弑，而在《梁太祖本纪》中讳而不书。又郭威起兵夺后汉帝位，其本纪也曲笔回护。

《新五代史》的优点是文章洁净，寓意含蓄。欧阳修意仿《春秋》义法，一字寓褒贬，书法严谨，用字推敲，二十四史中能比《春秋》褒贬之意者，《史记》之外，只有《新五代史》。新史也因此能较旧史直笔无讳，如上述旧史中讳书的两例，新史直书不讳。新史《梁太祖本纪》直书朱温派朱友恭、蒋元晖杀唐昭宗，后汉《隐帝纪》直书郭威反。缺点是史料逊色,删去了许多不当删的重要史料,并且过分重"春秋笔法",致有歪曲史实或疏于考订者。特别是只作《司天》《职方》二考,其余诸志阙如,使五代时期五十四年的典章制度湮没不纪。

三、编著体例和版本

《旧五代史》仿《三国志》体例,一朝一史,各成体系,梁、唐、晋、汉、周五代各自为书。其余十国,奉五代正朔的国家,立《世袭列传》;不奉五代正朔的国家,立《僭伪列传》。此外,尚有《外国列传》及十志。计《梁书》二十四卷、《唐书》五十卷、《晋书》二十四卷、《汉书》十一卷、《周书》二十二卷、《世袭列传》二卷、《僭伪列传》三卷、《外国列传》二卷、志十二卷。共为本纪六十一卷、志十二卷、列传七十七卷,凡一百五十卷。

《新五代史》与《旧五代史》体例不同。《新五代史》仿《南北史》体例,打破朝代界限,把王朝的纪、传综合一起,依时代先后编排。于诸帝初则称名或称封号,僭位后始称帝。于十国,则一概列为《世家》。列传中新创《义儿传》《伶官传》;又创《杂传》,以记历仕数朝者;《四夷附传》记契丹等少数民族。又改"志"为"考",有《司天考》《职方考》,其实是《旧五代史》中的《天文志》《郡县志》。计本纪十二卷、列传四十五卷、考三卷、世家十卷、中国世家年谱一卷、四夷附录三卷,共七十四卷。

关于版本问题:

《旧五代史》的最早版本,到了元朝就已佚失,清乾隆修《四库全书》时就未找到原书。今辑本《旧五代史》于乾隆四十年(公元一七七五年)缮写进呈,一九二一年南昌熊氏曾影印出版,简称影库本。乾隆四十九年(公元一七八四年)又有《旧五代史》的武英殿刊本,简称殿本,文字有些改动,内容也有不少增删。现行的《旧五代史》,一般都是根据殿本翻印的。此外,还有孔荭谷的校抄本、彭元瑞的校抄本,以及抱经楼卢氏抄本。一九二五年,又有嘉业堂刊本,简称刘本,商务印书馆影印百衲本就采用此本。

一九七六年,中华书局印有《旧五代史》点校本,以影库本为底本,同时用殿本、刘本及其他三种抄本参校,并适当吸收了邵晋涵的批校以及孔荭谷、彭元瑞等人的校刊成果。

《新五代史》的最早版本,是南宋庆元本。商务印书馆百衲本二十四史中的《新五代史》,就是采用此本影印的。其次有清贵池刘氏影印南宋本,简称贵池本,以及清南昌彭元瑞《五代史记注》本,简称南昌本。当然,以南宋本为最好。

一九七四年,中华书局印有《新五代史》点校本,以百衲本为工作本,对校了贵阳本、南昌本,还参校了明汪文盛本、明南监本、明北监本、明汲古阁本、清崇文书局本、清徐炯注补《五代史记》抄本、清味经书院刻本以及傅增湘校勘成都书局本本纪部分。

四、新、旧《五代史》比较

新、旧《五代史》虽同是叙述五代时期的历史事实,并且《新五代史》又是基本因袭《旧五代史》而成,但两者毕竟在史料的搜集、编著的体例、书法的严谨等方面各有很大差异,今简论如次:

在编著体例上,旧史仿《三国志》体例,一国一史,各成体系。新史仿《南史》《北史》体例,打破朝代的限制,纪传综合。两史各有千秋。旧史于十国设《世袭列传》和《僭伪列传》,新史于十国则一概列为世家,不分僭伪。此乃旧史胜于新史。新史在列传中新立《义儿传》《伶官传》《杂传》以分善恶而励忠良;又立《四夷附录》,以记少数民族,对后来研究少数民族发展关系甚有价值。此又新史列传新增传目而胜于旧史者。总的说来,在体例上,新、旧两史各有千秋,互存长短。

在书法严疏上,旧史多曲笔回护,新史贵一字褒贬。又旧史记载失实之处,新史多所订正,致新史卷帙不及旧史一半,而订正之功倍之。新史文章洁净,寓意含蓄,笔势清畅,议论纵横,而又书法严谨,用字推敲,文章甚美。旧史则芜杂无章,概括力差,加工润色少,文章不甚高明。总的说来,在书法和文章上,新史远胜旧史。

五、参考要籍和读法

宋吴缜撰《五代史记纂误》,用本证法指正《新五代史》,甚中要害。读《新五代史》时,不可不参阅此书。此书原本久佚,现行本为从《永乐大典》中所辑。南宋晁公武《郡斋读书志》称所列有二百余事,现行辑本仅存一百一十四事。此外,清乾隆中吴兰庭撰《五代史记纂误补》四卷,清光绪时吴光耀撰《五代史记纂误续补》六卷,清光绪时周寿昌撰《五代史记纂误补续》一卷。

上述四书,所列共达千数百条,但琐碎而多重复,若能加工整理,去同存异,归纳合并,分门别类,新成一有系统有条理之《五代史记纂误》,不是一件没有价值的事。读《新五代史》不可不读此四种参考书;读此四种参考书,不可不注意其重复同异的问题。

另外,《新五代史》在宋即有徐无党为之注,至清又有彭元瑞、刘凤诰合撰《五代史记补注》七十四卷,仿裴松之注《三国志》法,注欧存薛。即以欧史为正文,以薛史和有关书汇为补注,并全录徐无党注。此书最便学者,读《新五代史》时,可以对照互读。

关于《旧五代史》的参考典籍较少。陈垣从《册府元龟》所辑《旧五代史发覆》,可与之对读,以资参校。

第十六章 宋史 辽史 金史

一、作者综述及撰修过程

宋、辽、金三史的作者，都题名脱脱。其实，脱脱只不过是一个挂名的监修，因为当时他是右丞相。实际的作者，三史各有其人。

《宋史》的作者是塔木儿塔识、贺惟一、张起岩、欧阳玄等。

《辽史》的作者是廉惠山海牙、王沂、徐昺、陈绎曾等。

《金史》的作者是揭傒斯、李好文、王沂、杨宗瑞等。（参见《陔余丛考》）

然而，三史的发凡起例，乃至论赞、表奏等，主要出自欧阳玄的手笔，并且他还参加了史稿的改定之作。因此，对欧阳玄的生平，特做简介：

欧阳玄，字原功，浏阳人，生于宋度宗咸淳八年（公元一二七二年），卒于元顺帝至正十七年（公元一三五七年），年八十五。官至翰林学士承旨、国子祭酒、湖广行中书省右丞。元顺帝诏修宋、辽、金三史，召玄为总裁官，不但"发凡举例，俾论撰者有所据依"，而且"至于论、赞、表、奏，皆玄属笔"。著有《圭斋文集》若干卷传世。《元史》卷一八二有传。

三史的撰述过程是这样的：

起初，元世祖至元十六年（公元一二七九年），就曾诏修宋、辽、金三史，但一直未成。原因是当时朝廷内部对修宋史体例主张不一，分为两派。一派主张以"宋为世纪，辽、金为载记"。一派主张"以辽、金为北史，宋太祖至靖康为宋史，建炎以后为南宋史"。两派"持论不决"。（参见赵翼《廿二史札记》卷二三）至元顺帝至正三年（公元一三四年），才由顺帝决定宋、辽、金三朝各为一史，并命脱脱为都总裁，主持其事，加紧进行。

关于《宋史》，本来在元世祖至元间，就命王鹗等撰修，久久未成。顺帝命修三史时，即命塔木儿塔识、贺惟一、张起岩、欧阳玄等修撰《宋史》。（参见《陔余丛考》）由于撰修《宋史》已具有丰富资料，加有前人书稿作为基础，因此虽卷帙浩繁，而成书极速。自至正三年（公元一三四三年）三月开始，至至正五年（公元一三四五年）十月完成，仅费时两年有半。

关于《辽史》，本来金熙宗皇统间，就命萧永祺撰修，成《辽史》七五卷。章宗以为未善，又命陈大任再修。（参见《三史质疑》）元顺帝命修三史时，命廉惠山海牙、王沂、徐昺、陈绎曾等撰修《辽史》。即据耶律俨《实录》和陈大任《辽史》，兼采他书，精加编辑，整理修订，而成全书。自至正三年（公元一三四三年）三月，至至正四年（公元一三四四年）四月全书完成，仅费时一年。

关于《金史》，本来在元世祖时，即命王鹗撰修。鹗即据《金石录》《壬辰杂编》《中州集》《归潜志》，撰成《金史稿》。顺帝命修三史时，命揭傒斯、李好文、王沂、杨宗瑞等撰修《金史》。即以王鹗《金史稿》为蓝本，兼采他书，笔削而成。自至正三年（公元一三四三年）三月至至正四年（公元一三四四年）十一月，全书完成。费时仅一年又八个月。

二、史料来源和三史比较

《宋史》的史料来源，主要是宋代的国史旧本。宋朝的史事制度甚为详备，有起居注、日历、时政记、实录。《宋史》是二十四史中卷帙最为浩繁的一史，其原因除了史事制度完备、有多种多样记载外，还由于史料保存完整未失。元兵入临安时，留守董文炳将上述起居注和史册全部交于元朝国史院。同时，宋时印刷术发达，宋人的家传、表志、笔记之类的史料保存甚多。因此，《宋史》史料最为完备丰富。《宋史》之中，列传达两千多人，多《旧唐书·列传》一倍；《食货志》十四卷，为《旧唐书·食货志》的七倍；《兵志》十二卷，是《新唐书·兵志》的十二倍；《礼志》二十八卷，相当于二十四史其他各史《礼志》的总和。整部《宋史》共四百九十六卷，卷帙之多，为各史之冠。

《宋史》的优点，是史料完备丰富，但同时带来繁芜不堪的缺点。由于《宋史》成书迫促，仅两年有半，致在史料裁剪、史实订正、文字修饰等方面少了功夫，因而繁芜不堪。然而，虽是繁芜，但又本纪不载诏令，殊不可解。《宋史》多取材于行状碑帖，此种文字多出弟子门生，大多隐恶扬善，不可尽信。因取材于家传，固而列传中，多有仅叙其历官而不载其行事者。有些于历史甚有贡献的人和事，如毕昇的发明活字印刷术，高超的创造黄河决口"合龙"的新方法，只字不载。记事详略不一，北宋较详，南宋较略，中叶以后，"罕所记载"。或一人两传，或有目无文，或前后抵牾。这些都是《宋史》的缺点。

《宋史》虽然存在这些缺点，然而今天研究宋代历史，不能不藉助于它。《宋史》的史料价值，还是很高的。

《辽史》的史料来源，主要是耶律俨的《实录》和陈大任的《辽史》。辽的史事制度也略同于宋，有起居注、日历、实录的修纂。耶律俨的《实录》就是辽太祖以下诸帝的实录，计七十卷。陈大任的《辽史》以萧永祺所修《辽史》七十五卷再修而成。另外，《辽史》的史料来源，还参考了《资治通鉴》《契丹国志》及各史《契丹传》。

《辽史》史料缺乏，其原因是契丹文化幼稚。契丹字为注音拼音，仅可行于民间口语，不可书成著作。辽得燕、云十六州后始用汉文，且用汉文的地区很小。辽代汉文著作流传于今者仅有数部。由此可见《辽史》史料之少。

但是，《辽史》的史料价值是很高的。因为耶律俨的《实录》和陈大任的《辽史》均已失传，现行《辽史》是现在比较完整、比较系统地叙述辽代历史的唯一史书。

《辽史》的优点是表多。八表最善，对纪传部分可起补充作用。有《国语解》一卷，对书中契丹语官志、地名、部族等注释，使读者方便不少。又纪、传事迹互见，表、志内容互证。这都是优点。其缺点是未曾认真考订史料，以致前后重复、史实错误、自相抵牾之处甚多。有至一人误为两人，一事误成两事。

《金史》的史料来源，除各朝《实录》外，尚有王鹗的《金史》、刘祁的《归潜志》、元好问的《壬辰杂编》、杨焕的《天兴近鉴》、王鹗的《汝南遗事》。有这些史料作依据，因而《金史》史料较优。

《金史》在元朝修的三史中，在史料的搜集和史料的整理上是最好的。元修三史中，以《金史》居上。其原因是女真族的文化比契丹族要高，因而其史事的记录和整理较优，所修各朝《实录》较善。金章宗喜好文学，注意史事。在金熙宗时，萧永祺修成《辽史》七十五卷，章宗不满意，以为未善，就命陈大任再修

《辽史》。元时《辽史》修得比较好,就因为有了这个基础。此亦可见章宗注重史事之一斑。也因此,张柔将所得金各朝《实录》送入元史馆,保存了这些完整的资料,使得《金史》资料由此作为主要依据。又有较为完善的王鹗的《金史》作为蓝本,因而《金史》史料之优,居三史之首。

《金史》的史料价值很高,那是因为关于女真族的发展史料保存到现在而比较完整的并不多见,只有此《金史》一书。

《金史》的优点是史料较完备,文笔较好。缺点是有时记事重复,敷衍篇幅。

三史比较,总的来看:《宋史》最繁芜,《辽史》最荒陋,《金史》较优。

三、编著体例和版本

《宋史》体例,分本纪四十七、志一百六十二、表三十二、列传二百五十五,共四百九十六卷。

《宋史》称非汉人之强烈者为外国,立《外国传》。《宋史》推崇程、朱道学,以道学为是非曲直标准,因立《道学传》。此二者,为《宋史》体例中之新创。

《辽史》体例,分本纪三十志三十二、表八、列传四十五、国语解一,共一百十六卷。

《辽史》新创《营卫》《兵卫》二志。《营卫志》记载契丹贵族的"营卫"、"行营"的概况及部落的建置。《兵卫志》记载辽军事组织的情况。此二者,亦是前史所无,而《辽史》所独具。又新创《国语解》,注释契丹语的官制、地名、部落等。此是因其特有情况而增创,甚为适用。

《金史》的体例，分本纪十九、志三十九、表四、列传七十二，共一百三十五卷。

《金史》体例的创新在其表。新创的《交聘表》，以表格形式记叙金与宋、夏、高丽的交往情况。又书后有《金国语解》一篇，其作用与《辽史》的《国语解》同，亦是新创。

关于三史的版本，简述如次：

《宋史》最早的版本，为元至正六年（公元一三四六年）杭州刻印的本子，叫至正本，但以书卷过大，刻本不全。明成化十六年（公元一四八〇年），两广总督朱英在广州刻宋本，称"成化本"。商务印书馆百衲本即是用至正本补以成化本影印而成，此本最佳。其次，尚有明南监本、明北监本、清武英殿本、清浙江书局本。

中华书局于一九七七年出有《宋史》点校本，是以商务百衲本为工作本，参校武英殿本和浙江书局本，还吸收了前人的成果如叶渭清的《元椠宋史校记》和张元济的《宋史校勘记》，堪称今日佳本。

《辽史》版本最差。《辽史》无善本，祖本亦不佳，清乾隆时改译本更差。百衲本《辽史》是仿元刻祖本而成，错误亦多。

中华书局于一九七四年印有《辽史》点校本，以百衲本为工作本，用乾隆本进行通校，以南、北监本和道光殿本进行参校。又用《永乐大典》所引《辽史》校对，并参考了《册府元龟》《资治通鉴》《续资治通鉴长编》及新、旧《唐书》和新、旧《五代史》《宋史》《金史》《契丹国志》《辽文汇》等书校订。对前人成果，主要参考了钱大昕《廿二史考异》、厉鹗《辽史拾遗》、陈汉章《辽史索隐》、张元济《辽史校刊记》等书。引书最多，用功至巨，在无善本的情况下，当以此本最佳。

《金史》的最早版本为元至正刻本。商务印书馆百衲本《金史》即以此本影印。其次还有明北监本、清武英殿本。

中华书局一九七五年印有《金史》点校本，以百衲本作底本，并参校北监本和武英殿本，还参考了《大金国志》《大金吊伐录》《大金集礼》《归潜志》《中州集》《三朝北盟会编》以及《永乐大典》的有关部分，以资校订。对于前人的校刊成果，主要采用了施国祁的《金史评校》。

四、参考要籍和读法

《宋史》的参考要籍有：
明柯维骐《宋史新编》二百卷。
明王维俭《宋史记》。
明王洙《宋史质》一百卷。
明钱士升《南宋书》六十卷。
《辽史》的参考要籍有：
清厉鹗《辽史拾遗》二十四卷。
清杨复吉《辽史补遗》五卷。
《金史》的参考要籍有：
清施国祁《金史评校》十卷。
清杭世骏《金史补阙》。

此外，有明人邵经邦撰《弘简录》二百五十四卷，简化宋、辽、金三史为一，是三史的简本。此书简明扼要，最便初学。

读宋、辽、金三史，除宜参阅上述三史各自有关的参考要籍外，首先宜取《弘简录》参读。因为《弘简录》是三史的简本，先读《弘简录》，便可先知三史的梗概，再去读三史全书，便可心中有数,不致茫然而无头绪。特别是《宋史》繁芜,更须先读《弘简录》以知其梗概,不然繁芜而无头绪,难免事倍功半。其次,由于三史成于一时,宋、辽、金三朝又关系密切,史事往往牵连有关,故读《宋史》时,宜取辽、金二史对照读;读辽、金二史时,宜取《宋史》对照读。三史研读,必须相互对照,彼此印证。

第十七章 元 史

一、作者生平及撰述过程

明太祖朱元璋于洪武二年（公元一三六九年），即开国后第二年，诏修《元史》，以李善长为监修，宋濂、王祎为总裁，参加者有赵埙等十六人。是年二月开局，八月书成，仅用了一百八十八天时间，便修成了除顺帝一朝以外的本纪、志、表、列传共一百五十九卷。由于顺帝一朝史料不备，乃命欧阳佑等十二人往北京采访遗闻，搜集资料。再于明年，即洪武三年（公元一三七〇年）二月，重开史局，仍以宋濂、王祎为总裁，参加者有朱右等十五人。七月书成，计一百四十三天，续修成本纪、志、表、列传共五十三卷。（参见宋濂《元史序》）元史前后两次开局撰修，共计费时仅三百三十一日，为时不到一年。二十四史中，时间之短，成书之巨，未有逾于《元史》者。

《元史》的作者，如按往常惯例，应以监修李善长题名。而不题名李善长，竟题名宋濂，大概是由于李善长这个监修，比以往其他各史的监修更要挂名不管事，连书成后的一篇进书表也未写，而是由宋濂代撰了一篇《进〈元史〉表》。也由此可以看出整个《元史》的修撰，从亲手动笔，到总成其事，都是宋濂。他是修《元史》的实际负责者，是名副其实的总裁，因而题名宋濂。

这是正确的,它打破了二十四史中以往有很多正史不题名实际撰修人,而题名监修人名字的错误做法。

《元史》祖本题宋濂、王袆二人名,到清武英殿本则仅题宋濂名。《元史》的作者,主要是宋濂。

宋濂,字景濂,明金华人。元朝至正时,宋濂曾被推授翰林编修,不就,竟入龙门山著书。后来朱元璋兵进婺州,由于李善长的推荐,濂任江南儒学提举,命授太子经,寻改起居注。洪武二年(公元一三六九年)任总裁官而修《元史》:

> 洪武二年,诏修元史,命濂充总裁官。是年八月史成,除翰林院学士。明年二月,儒士欧阳佑等采故元元统以后事迹还朝,仍命濂等续修,六越月再成,赐金帛。(《明史》卷一二八《宋濂传》)

宋濂累官至翰林学士、侍讲学士、知制诰、同修国史,兼赞善大夫。生于元武宗至大二年(公元一三〇九年),卒于明太祖洪武十四年(公元一三八一年),年七十二。事迹详见《明史》卷一二八本传。

二、史料来源及全书缺陷

《元史》的史料来源,宜分本纪、志、列传三个部分。分别言之:

本纪史料,采自十三朝《实录》。元自世祖始有史官,至成宗时始修《世祖实录》。后又追修太祖、太宗、定宗、宪宗四朝《实录》。但因四朝原无史官,故材料缺乏。世祖以后,材料就较丰富而完备。太祖洪武元年(公元一三六八年),徐达领军入北京,得元十三朝《实录》,这成为后来修《元史》本纪部分的主要史料。顺帝三十年无实录,其本纪史料乃是欧阳佑等十二人在北京采访遗闻、搜集材料所得。

志的史料,采自《经世大典》。《经世大典》是元朝一部大类书。

列传史料采自诸家文集,即碑幢传铭。

《元史》史料不能称太缺乏,或者可以说相当丰富。然而,由于撰修诸人只是一味照抄元代各朝《实录》《经世大典》《功臣列传》等官修史料,除此之外,未及广泛搜集各方材料。就是对这些官修材料,也在裁剪取舍、整理概括上未下功夫,仅是稍作删改。因而《元史》的修撰,相当陋劣,缺陷不少。

其缺陷首先在于材料狭窄。主要所据是十三朝实录,而《实录》以外的珍贵史料如《元朝秘史》《长春真人西游记》、《辍耕录》等书未能充分采用。其次,所载范围仅及中国本部,而于钦察汗、伊儿汗、察哈台汗记载极少。至于交通、宗教、民族等方面,更少涉及。再次,史料缺乏剪裁考订,谬误百出,有至列传重出,一人两传者凡十八。甚至在《后妃表》中将子、曾孙、玄孙三代媳妇当成妻妾,平列成表。《元史》有一优点,是据事直书,不作论赞。《纂修元史凡例》有云:"历代史书,纪、志、表、传之末,各有论赞之辞。今修《元史》,不作论赞,但据事直书,具文见意,使其善恶自见。"这样只写出史实,是非褒贬,让后人去做,是最好的修史方法。较之以往诸史之每篇必论或赞,甚至又论又赞之片言主观,甚或阿谀颂扬的世俗作法,胜之多矣。

虽然《元史》缺陷甚多,然而在今天元十三朝《实录》都已失佚,《经世大典》亦已残缺的情况下,《元史》就成为研究有元一代的有价值史料。

三、编著体例和版本

《元史》的体例，分本纪四十七、志五十三、表六、列传九十七，共二百一十卷。清钱大昕氏在研读《元史》时发现列传三十二卷前皆蒙古、色目人，三十二卷以后皆是汉人。

《元史》卷首，载有纂修《元史》凡例五条，摘录如下：

一、本纪准两汉史，事实与言辞并载，兼有《书》《春秋》之义。

二、志准《宋史》，条分件列，览者易见。

三、表准辽、金史，据所可考者作表，不计详略。

四、传准历代史而参酌之。

五、不做论赞，但据事直书，具文见意，使其善恶自见。

这是当时确定的编著体例和方法。后来正式编著《元史》的过程中，有的是这样做了，有的不一定这样做。

《元史》的版本，最早的是洪武三年（公元一三七〇年）刻的洪武刻本，即其祖本。后有南监本、北监本、武英殿本。商务印书馆百衲本，即以九十九卷残洪武本和南监本合配影印而成。

一九七六年，中华书局印有《元史》点校本，以百衲本为底本，而用北京图书馆藏原书及另一部南监本做校对订正，还用了北监本、殿本和道光本校勘，并参考了胡粹中《元史续编》、邵远平《元史类编》、毕沅《续资治通鉴》、魏源《元史新编》、曾廉《元书》、屠寄《蒙兀儿史记》、柯劭忞《新元史》、钱大昕《廿二史考异》、汪辉祖《元史本证》等书。用功不浅，足称佳本。

四、清人改修《元史》

《元史》以时间仓促，草率成书，故谬误百出，陋劣粗疏。后之读者，皆欲改修。清代学者改修《元史》的很多，今将已刻印者简述如次：

《元史类编》四十二卷，邵远平撰。邵远平是邵经邦的玄孙。邵经邦取宋、辽、金三史撰《弘简录》，止于宋朝。邵远平续撰元朝，是为《元史类编》，对于《元史》纠正和删改不少。

《元史新编》九十五卷，魏源撰。先是魏源撰此书，稿未成。光绪三十一年（公元一九〇五年），后人补成，始刻版刊行。是书分本纪、表、志、列传四个部分。列传体例甚有创新，分《开国武臣》《开国相臣》《开国文臣》《平金功臣》《平蜀功臣》《平宋功臣》《世祖之文臣》《世祖之言臣》《治历治河漕运平藩平叛功臣》《平南夷东夷功臣》《中叶相臣》《中叶文臣》《中叶言臣》《天历交兵诸臣》《元末相臣》《元末言臣》《元末文臣》等，各为一类，甚是明晰。虽为纪传体，实际参合纪事本末体。凡本纪十四、表七、志三十二、列传四十二。

《元史》一百零二卷，曾廉撰。此书以魏源《元史新编》为蓝本，仿太史公书，以在《元史新编》《元史类编》的基础上增益修改。其史虽不甚佳，其文却仿司马迁、欧阳修而颇有可观，宣统三年（公元一九一一年）有刻本。

《元史译文证补》三十卷，洪钧撰。此书之特点，是开采外国史料著中国史之先声。洪氏为晚清状元，治西北史地。光绪间出使俄、德、荷、奥等国，任公使，居外国期间，利用使馆人员翻译波斯文成书。采西方史料以证中土旧闻，甚有补于《元史》的缺陋。光绪二十三年（公元一八九七年）有刻本。

《蒙兀儿史记》一百六十卷，屠寄撰。此书所记，不限于元代，是继洪钧《元史译文证补》推元代而及于全蒙时期。屠氏认为，蒙古史事应起自成吉思汗，不可只述忽必烈入主中国称帝起的史事而称《元史》，而应包括载述三大汗国及成吉思汗至忽必烈称帝前的一段史事。又认为成吉思汗初起时，本国号"蒙古"，至世祖时，始改称"大元"，因名其书为《蒙兀儿史记》。"蒙兀儿"，乃"蒙古"之旧译名也。此书曾于民国二十八年（公元一九三九年）出版。

《新元史》二百五十七卷，柯绍忞撰。此书所采外国材料很多，参照西方史料，可补《元史》缺陋。同时，此书参考了《元秘史》《元典章》和《经世大典》，以补《元史》错误。惟此书于原来《元史》所缺的《艺文志》仍未补作。而又全书增删取舍，不尽得宜。此书由徐世昌以私览刻成，民国九年（公元一九二〇年）北洋政府明令列入正史。凡本纪二十六、表七、志七十、列传一百五十四。

此外，尚有钱大昕《元史艺文志》，可补《元史·艺文志》之缺。何秋涛撰《元圣武亲征录校正》，李文田撰《元秘史注》，或疏明地理，或校正字句，亦甚有补于疏校《元史》阙误。

第十八章 明 史

一、作者生平及撰述过程

　　清朝在其入关后的第二年,世祖顺治二年(公元一六四五年)即设明史馆,命冯诠撰修明史,未成而罢。顺治八年(公元一六五一年),命各省采进佚书,搜集史料。康熙四年(公元一六六五年),又诏修明史,亦止。康熙十八年(公元一六七八年),再诏修明史,命徐元文监修,而以博学鸿词科五十人为撰修。初以叶方蔼、张玉书为总裁,其后汤斌、徐乾学、陈廷敬、张英、王鸿绪相继为总裁。分由陈廷敬撰本纪,张玉书撰志、表,王鸿绪撰列传。至康熙五十三年(公元一七一四年),王鸿绪奏进列传二百零五卷。其后数年,纪、志、表相继成书。雍正元年(公元一七二二年),进纪、传、表、志共三百一十卷,题名《明史稿》。此稿之成,万斯同用力最多。雍正二年(公元一七二四年),复诏续完,并命张廷玉为总裁。乾隆四年(公元一七三九年),全书告成。先后费时九十五年,为二十四史中修撰时间最长而用功最深的一史。

　　《明史》最后由张廷玉任总裁而定稿,因题名张廷玉。先后参加编撰的人数不少,而以万斯同用力最多。张廷玉以王鸿绪《明史稿》加以增减修改而成《明史》,而王鸿绪《明史稿》实出万斯同之手。

张廷玉,字衡臣,安徽桐城人。累官至内阁学士、翰林院掌院学士、吏部尚书。高宗时,命总理事务。张廷玉是汉人替清朝效忠最力者,早年因受命与托赖、登德镇压山东王美公起义有功,调升吏部。世宗时设军机房,张廷玉设谋规制,自是内阁权移军机处。廷玉死后,命配享太庙。清朝汉臣配享太庙者,唯彼一人,由此可见其效忠清朝之最力。张廷玉与修《明史》的关系,仅有"乾隆元年,《明史》成,表进,命仍兼管翰林院事"(《清史稿》卷二八八本传)。大概是当时他受命总理事务,相当于宰相,又适任修《明史》总裁,因而《明史》题名张廷玉。关于其生平详情,见《清史稿》卷二八八本传。

万斯同,字季野,鄞县人。康熙十七年(公元一六七八年),举博学鸿词,不受。次年,诏修《明史》,徐元文为监修,斯同因以设局修史不便而请辞。后王鸿绪任撰修,才得邀请万斯同参加。王鸿绪《明史稿》大半出斯同手。万氏还著有《历代史表》《儒林宗派》等书。《清史稿》卷四八四有传。

二、史料来源和价值

《明史》的史料来源,主要是《明实录》。明朝诸帝,除惠帝以外,皆有实录。而典章制度,又有会典记载。所以,明朝史料极其丰富而完备。

《明史》主要以《明史稿》为蓝本,在《明史稿》的基础上增减修改而成。而《明史稿》也是根据《明实录》而来,只不过是把《明实录》加工剪裁,在编排上整齐概括而已。

同时,有明一代,除《明实录》和会典等官修史料外,私人修史也很丰富。如黄宗羲《国史案》二百四十四卷,是极丰富而又宝贵的史料。此外,若朱国桢《明史概》、邓元锡《皇书》、何乔远《名山藏》、陈建《皇明通纪》、谈迁《国榷》、王世贞《弇州史料》,都是可供修史的有价值材料。

《明史》是一部经过整理加工,体例又较严谨的研究有明一代历史的完备资料,史料价值很高。

《明史》的优点,是体例严谨,文笔雅正。《明史》修撰时间较长,先后费时九十五年,而又修撰于清初开国后不久的顺治、康熙、雍正、乾隆数朝,正是清朝稳定上升时期,不像元顺帝修宋、辽、金三史时之混乱仓卒,因而体例严谨。而参加撰修《明史》的人,又都是一时名士,五十名博学鸿词科同时参加撰修,故又文章雅正。其缺点是新创《流贼传》,污蔑农民起义。又满清入关以前史事及南明诸王抗清复明斗争史实,削而不录,连郑和七次下南洋的事也略不敢言。

三、编著体例和版本

《明史》的体例,分本纪二十四、志七十五、表十三、列传二百二十,共三百三十二卷。《四库提要》谓《明史》三百三十六卷,是连目录四卷也计算在内的。《进明史表》写明目录四卷,共三百三十六卷。

《明史》于列传有所创新,新立《阉党传》《土司传》和《流贼传》三个传目。所谓《流贼传》是对李自成、张献忠领导的明末农民起义的污蔑。在列传中又有附传,不仅子孙附传,也又同事附传。且附传人数很多,如卷二百九十六《孝义传》有附叙至七百余人之多,卷一百八十《夏良胜传》附正德谏南巡受杖者百四十余人之多,卷一百九十一《何孟春传》附嘉靖时伏阙争大礼者一百五十人之多。如此附传庞大,不足可取。

《明史》的最早版本,是乾隆四年(公元一七三九年)武英殿刻本。中华书局一九七四年出有《明史》点校本,即是用武英殿本作底本,并采用《明实录》和《明史稿》校勘,同时也参考了《明会典》《寰宇通志》《明一统志》《明经世文编》《国榷》《绥寇纪略》《怀陵流寇始终录》等书,可称佳本。

四、忌讳回护和读法

《明史》的忌讳回护特别深,原因是清朝入主中原以后,对于其祖在未入关前的一切活动忌讳至深。而修史的臣工们,看色行事,投其所好,遇事曲笔回护。特别是雍正、乾隆时期,大兴文字之狱,对于反清思想,禁网至密,动辄杀人株连。修史的臣工,更是诚惶诚恐,畏惧获罪,下笔更加谨慎小心,着墨仰承统治意旨,更是随处忌讳,凡事回护。因而整部《明史》忌讳最多,回护至深。

因此,今天研读《明史》,必须特别留意其忌讳回护之处,必以《明实录》对读。《明实录》中有许多可信史料,因忌讳回护,在《明史》中被删去或曲笔了的。另外,《皇明经世文编》五百零四卷,收文三千一百四十五篇,是考证《明史》的极好材料。特别是其有关"防辽"、"御房"等策论,可以考见满人入关以前情况。此为清代禁书,可作研读《明史》的参考资料。读《明史》时,宜以此参读。

《明史》虽然忌讳回护至深,若能循此阅读,订误正谬,去伪存真,亦不难还其本来面目。